"双碳"目标下四川省能源结构绿色发展研究

彭　倩◎著

四川大學出版社
SICHUAN UNIVERSITY PRESS

图书在版编目（CIP）数据

"双碳"目标下四川省能源结构绿色发展研究 ／ 彭倩著 ． — 成都 ： 四川大学出版社，2022.9
　　ISBN 978-7-5690-5475-0

　　Ⅰ．①双… Ⅱ．①彭… Ⅲ．①能源结构－绿色经济－经济发展－研究－四川 Ⅳ．① F426.2

中国版本图书馆 CIP 数据核字 (2022) 第 088026 号

书　　名：	"双碳"目标下四川省能源结构绿色发展研究
　　　　　	"Shuangtan" Mubiao xia Sichuan Sheng Nengyuan Jiegou Lüse Fazhan Yanjiu
著　　者：	彭　倩

选题策划：	孙明丽
责任编辑：	王　锋
责任校对：	刘柳序
装帧设计：	墨创文化
责任印制：	王　炜

出版发行：	四川大学出版社有限责任公司
　　　　　	地址：成都市一环路南一段 24 号（610065）
　　　　　	电话：（028）85408311（发行部）、85400276（总编室）
　　　　　	电子邮箱：scupress@vip.163.com
　　　　　	网址：https://press.scu.edu.cn
印前制作：	四川胜翔数码印务设计有限公司
印刷装订：	四川五洲彩印有限责任公司

成品尺寸：	148 mm×210 mm
印　　张：	6.5
插　　页：	1
字　　数：	177 千字

版　　次：	2022 年 11 月 第 1 版
印　　次：	2022 年 11 月 第 1 次印刷
定　　价：	46.00 元

本社图书如有印装质量问题，请联系发行部调换

四川大学出版社
微信公众号

前　言

2021 年，第十三届全国人大四次会议表决通过了关于国民经济和社会发展第十四个五年规划和 2035 年远景目标纲要的决议。决议指出，要构建现代能源体系，推进能源革命，建设清洁低碳、安全高效的能源体系，提高能源供给保障能力，大力发展绿色经济。2020 年底，中共四川省委十一届八次全会通过的《中共四川省委关于制定四川省国民经济和社会发展第十四个五年规划和二〇三五年远景目标的建议》提出，"十四五"期间，建设清洁能源示范省，降低碳排放强度，发展绿色低碳产业；到 2035 年，绿色低碳生产生活方式基本形成。为贯彻国家二氧化碳排放达峰目标和碳中和愿景，践行绿色低碳发展新理念，有序推广和规范各类活动碳中和，四川省根据《大型活动碳中和实施指南（试行）》《四川省控制温室气体排放工作方案》有关精神，制订了《四川省积极有序推广和规范碳中和方案》。未来，四川省将编制《二氧化碳排放达峰行动方案》，积极助力四川省经济社会绿色低碳发展，确保 2030 年前实现碳达峰目标。

自从提出"绿色发展""双碳目标"等概念以来，四川省在能源转型上已经取得了很大进展，在省级层面积极探索和积累推进"能源革命"的新做法、新经验，促进了能源结构低碳化、能源生产智能化、能源消费清洁化，以及能源开发与生态环境保护的良性互动。本书首先对我国与四川省能源发展、绿色发展与现代能源体系建设现状进行梳理，通过实证研究分析四川省能源消费量，并对其绿色发展进行预测，从定性与定量两方面对四川省发展现代能源体系的重要性、必要性和可行性进行研究。其次从实际出发，对四川省绿色发展与现代能源体系构建进行研究，具体从目标、原则、保障三个方面进行阐述，然后通过借鉴国外成功案例的经验，提出四川省绿色发展与现代能源体系构建的实现路径。最后从政府、企业、公众三个方面提出政策建议。

全书共 7 章。第 1 章介绍了相关背景，界定了四大概念。第 2 章首先从国家层面介绍了能源发展现状；其次从四川省角度进行了对比分析，以发现问题。第 3 章介绍了四川省绿色发展与现代能源体系建设现状，针对绿色发展现状主要从经济、环境、能源三方面进行介绍；针对四川省现代能源体系建设，主要从概况和短板两方面进行介绍。第 4 章主要是对四川省能源与绿色发展现状做预测实证分析，包括基于 ARIMA 模型的能源消费总量预测、基于马尔可夫模型的能源消费结构预测，以及四川省能源碳排放预测分析。第 5 章主要介绍了四川省绿色发展与现代能源体系的构建。首先简单介绍了传统能源体系与现代能源体系的异同，其次从四川省绿色发展与现代能源体系构建目的、原则与保障三方面进行了分析，最后总结提供了国外能源转型的成功案例，并提出了四川省绿色发展与现代能源体系构建的实现路径。第 6 章是政策建议，通过前面 5 章的描述与分析，从如何加快四川省绿色发展、完善现代能源体系建设两个角度出发，从政府、企业、公众三个层面分别提出建议。第 7 章总结全书，并提出展望。

本书得到了四川省科技厅软科学项目、西南石油大学人文社科专项、四川石油天然气发展研究中心的资助，在此由衷感谢四川省科技厅、西南石油大学经济与管理学院、四川石油天然气发展研究中心、西南石油大学科研处、四川大学出版社对本书研究及出版工作的大力支持。西南石油大学经济与管理学院研究生彭姣参与了资料收集、实证分析、绿色发展与现代能源体系建设现状分析以及章节构建工作，西南石油大学经济与管理学院研究生于文慧参与了资料收集、相关概念与背景整理、能源发展现状分析工作，西南石油大学经济与管理学院研究生唐雪梅、李玉雯、刘淑琦参与了数据与政策更新、文献整理工作。在此向他们表示感谢！

　　本书在编写过程中参考了大量专家、学者的论著、教材和文章，吸收了一些最新的研究成果，在此向他们表示衷心的感谢！

　　由于编者水平有限，书中难免存在不足之处，恳请广大读者批评指正、不吝赐教。

目　录

第1章 概论

　　能源是人类赖以生存和发展的物质基础，是现代社会发展不可或缺的基本条件，是关系国计民生与国家安全的重要领域，是国家繁荣发展、人民幸福安康、社会长治久安的重要保障。随着国家的快速发展，经济的高速增长，四川省能源需求总量迅速增加，能源生产实现飞速发展，能源消费水平不断提高。四川省一直坚持以习近平同志为核心的党中央提出的"绿色发展"理念为指导思想，积极促进能源体系转化，大力推进生态文明建设，保持能源生产稳定增长，在满足省内消费的情况下，为全国能源消费做出了积极贡献：能源消费结构不断优化、综合利用效率不断提高，其中清洁能源消费占比越来越重，节能降耗成效显著。

1.1　相关背景

　　化石能源是全球经济发展不可或缺的物质基础，在推动全球经济与社会的快速发展方面发挥着巨大的作用。然而，在人类社会高速发展的同时，生态环境也遭受着巨大的破坏。化石能源的燃烧带来了二氧化硫、二氧化氮等不可被大自然吸收的污染物，造成了酸雨、温室效应等不利于人类发展的自然现象。为促进全球减碳，在各国的呼吁下，1992 年在巴西里约热内卢制定了《联合国气候变化框架公约》。为积极响应这一公约，我国也随之提出了"绿色发展"理念，即以保护生态环境为前提，合理利用化石能源，积极开发清洁能源，实现经济的快速发展。

1.1.1　我国生态环境污染严重

我国是世界上最大的发展中国家，能源消费已经多年居世界第一。根据 IEA 2009 年的统计数据，我国因为化石燃料的燃烧而排放的二氧化碳为 60.7 亿吨，超过了美国的 57.7 亿吨，成为世界上二氧化碳排放量最多的国家。煤炭燃烧是使我国生态环境遭受破坏的最大污染源，由于煤炭在我国能源消费中占有很大比重，因而我国环境污染形势日趋严峻。《2019 年中国生态环境公报》显示，在空气污染方面，2019 年全国 337 个地级及以上城市（以下简称 337 个城市）中，只有 157 个城市环境空气质量达标，占全部城市数的 46.6%；180 个城市环境空气质量超标，占53.4%。其中 337 个城市发生重度污染 1666 天，比 2018 年增加88 天；累计发生严重污染 452 天，比 2018 年减少 183 天。以$PM_{2.5}$、PM_{10} 和 O_3 为首要污染物的天数分别占重度及以上污染天数的 78.8%、19.8% 和 2.0%，与 2018 年相比，PM_{10} 和 SO_2浓度下降，O_3 浓度上升，其他污染物浓度持平。虽然比起 2018年情况有所好转，但是我国空气污染形势仍然十分严峻，特别是以化石能源燃烧带来的污染物为主，改善大气环境刻不容缓。2019 年，酸雨区面积约 47.4 万平方千米，占国土面积的 5.0%，比 2018 年下降 0.5 个百分点，其中，较重酸雨区面积占国土面积的 0.7%，主要分布在长江以南、云贵高原以东地区，主要包括浙江、上海的大部分地区、福建北部、江西中部、湖南中东部、广东中部和重庆南部。在酸雨频率方面，469 个监测降水的城市（区、县）中，酸雨频率平均为 10.2%，比 2018 年下降0.3 个百分点；出现酸雨的城市比例为 33.3%，比 2018 年下降4.3 个百分点；酸雨频率在 25% 及以上、50% 及以上和 75% 及以上的城市比例分别为 15.4%、8.3% 和 2.6%。在水污染方面，针对淡水流域，西北诸河、浙闽片河流、西南诸河和长江流域水质为优，珠江流域水质良好，黄河流域、松花江流域、淮河流域、辽河流域和海河流域为轻度污染，主要污染指标为无机氮和活性磷酸盐。针对海洋水质情况，水质（Ⅰ～Ⅲ类）优良海域面积比例为 76.6%，比 2018 年上升 5.3 个百分点；劣Ⅴ类为 11.7%，比 2018 年下降 1.8 个百分点。沿海省份河北、广西和海南近岸海域水质为优，辽宁、山东、江苏和广东近岸海域水质良好，天津和福建近岸海域水质一般，上海和浙江近岸海域水质极差。448 个日排污水量大于 100 立方米的直排海污染源监测结果显示，污水排放总量约 801089 万吨，不同类型污染源中，综合排污口污水排放量最大，其次为工业污染源，生活污染源排放量最小。除镉外，各项污染物中，综合排污口排放量均最大。良好的生态环境是人民幸福健康生活的前提条件，也是我国工业化、现代化、城市化的必然要求。但是，随着我国社会经济的高速发展，对化石能源的需求只增不减，如何优化能源消费结构、提高能源利用效率就将成为未来我国经济发展的焦点问题。

1.1.2　实现"双碳"目标任务艰巨

当前，全球低碳经济蓬勃发展，尽早实现碳达峰和碳中和的"双碳"目标已成为全球的共识，全球约有 130 个国家以在 21 世纪中叶实现碳中和作为自身低碳转型目标。在这一背景下，中国政府审时度势，宣布"力争 2030 年前二氧化碳排放达到峰值，努力争取 2060 年前实现碳中和"，并承诺"到 2030 年，中国单位国内生产总值二氧化碳排放将比 2005 年下降 65% 以上，非化石能源占一次能源消费比重将达到 25% 左右"。还提出在"十四五"期间，将"单位 GDP 能源消耗累计降低 13.5%，单位 GDP 二氧化碳排放累计降低 18%"作为约束性减排目标。作为一个产业结构偏重、能源消费偏煤、能源效率偏低、油气供应风险偏高的发展中大国，"双碳"目标的提出及实施，将会对中国的经济结构和能源系统带来全面深远的影响，甚至是前所未有的颠覆性冲击。

我国向世界宣布实现碳达峰、碳中和的目标，彰显了一个负责任大国应对气候变化的积极态度，并将引领我国实现低碳转型，从工业文明走向生态文明。然而，实现"双碳"目标任重道远。其一，排放总量大。我国经济体量大、发展速度快、用能需求高，能源结构以煤为主，使得我国碳排放总量和强度"双高"。2020年我国煤炭消费比重达到57%，碳排放总量占全球比重超过25%，人均碳排放量超过世界平均水平。其二，减排时间紧。当前我国经济正处于爬坡过坎、迈向高质量发展的关键时期，产业链由中低端向中高端攀升，能源消费尚未达到峰值，能源和产业结构对高碳发展模式具有较强惯性和路径依赖，因而要在10年内实现碳达峰，再用30年左右时间实现碳中和，对现有科技储备、政策措施都是极大考验。

1.1.3 "十四五"规划要求构建现代能源体系

2021年3月11日，十三届全国人大四次会议表决通过了关于国民经济和社会发展第十四个五年规划和2035年远景目标纲要的决议。"十四五"规划是推动经济社会高质量发展的战略引领，是全国各族人民奋进新征程的共同行动纲领。其中，第十一章"建设现代化基础设施体系"指出，要构建现代能源体系，具体包括：推进能源革命，建设清洁低碳、安全高效的能源体系，提高能源供给保障能力；加快发展非化石能源，坚持集中式和分布式并举，大力提升风电、光伏发电规模，加快发展东中部分布式能源，有序发展海上风电，加快西南水电基地建设。四川省境内重点项目包括了金沙江上下游、雅砻江流域清洁能源基地，基地内主要通过水力发电、陆上风电、太阳能发电三种发电方式来提供电力。第三十八章"持续改善环境质量"再次强调了"双碳"目标。该章指出了 2030 年应对气候变化的国家自主贡献目标，制订了 2030 年前碳排放达峰行动方案并强调了完善能源消费总量和强度双控制度，重点控制化石能源消费；推动能源清洁低碳安全高效利用，深入推进工业、建筑、交通等领域低碳转型；加大甲烷、氢氟碳化物、全氟化碳等其他温室气体控制力度；推进排污权、用能权、用水权、碳排放权市场化交易；采取更加有力的政策和措施，锚定努力争取 2060 年前实现碳中和。另外还在第三十九章"加快发展方式绿色转型"中提出要大力发展绿色经济，具体包括坚决遏制高耗能、高排放项目盲目发展；推动绿色转型实现积极发展；壮大节能环保、清洁生产、清洁能源、生态环境等产业；推广合同能源管理等服务模式。

　　四川省"十四五"规划中关于能源方面也有诸多表述，其中第三十二章"完善现代能源网络体系"重点指出，要实施中国"气大庆"建设行动，加强天然气产供储销体系建设，争取建成全国最大天然气（页岩气）生产基地，力争使天然气年产量达到 630 亿立方米。要有序推进可再生能源开发，科学有序开发水电，重点建设"三江"水电基地大中型水电站；重点推进凉山州风电基地和"三州一市"光伏基地建设，加快金沙江流域、雅砻江流域等水风光一体化基地建设，因地制宜开发利用农村生物质能。第五十一章"加快生产生活绿色低碳转型"重点指出，要加强重点用能单位节能管理，实施重点行业节能和绿色化改造，全面推行清洁生产；加快发展节能环保、清洁能源等绿色产业，建设绿色产业示范基地；推进产业园区绿色化、循环化改造，加强工业"三废"、余热余压和农业废弃物资源综合利用，有序推进 2030 年前碳排放达峰行动，降低碳排放强度，推进清洁能源替代，加强非二氧化碳温室气体管控。不管从国家层面还是从四川省来看，构建现代能源体系、实现绿色发展都是接下来的重点任务。

1.1.4 四川省绿色发展的紧迫性

四川省是全国能源大省，是清洁能源开发的重要战略高地。随着经济的快速发展，化石能源在四川省能源消费结构中仍然占据着主导地位。四川省委十届八次全会通过了《中共四川省委关于推进绿色发展建设美丽四川的决定》，从战略高度指明了推进绿色发展的重大意义。该决定也成为新时期四川省推进绿色发展的行动指南。2016 年四川省委、省政府印发了《四川省环境污染防治"三大战役"实施方案》，明确到 2020 年，市（州）政府所在城市大气环境达标数超过 50%，地表水环境质量优良率提高到 82%以上，土壤环境质量总体保持稳定。2017 年，围绕绿色发展理念，四川省又举办了重点培训项目——"四川省推动绿色发展专题研讨会"。"十三五"规划也提出了到 2020 年全省能源消费总量控制在 2.29 亿吨标准煤以内，单位地区生产总值（GDP）能耗较 2015 年累计下降 16%，非化石能源消费比重从 2015 年的 31.7%提高到 37.8%这三项约束性指标。2019 年四川省发改委、省经济和信息化厅印发了《四川省支持节能环保产业发展政策措施》，从 12 个方面提出了 40 条支持节能环保产业发展的政策措施，旨在集中破解困扰节能环保产业发展的痛点、难点、堵点。2020 年四川省生态环境厅印发的《四川省积极有序推广和规范碳中和方案》也明确了四川省在推广和规范碳中和方案上的指导方向，包括政策规范、服务平台、实施范围和示范项目。近年来，四川省的工业结构持续优化，构建"5+1"现代产业体系的进程加快。其中，电子信息、装备制造、食品饮料、能源化工等的比重进一步增加，轻重工业比例稳定，但工业结构的总体格局变化尚不显著。虽然"十三五"期间空气污染得到改善，但是改善的基础并不牢固，空气质量不稳定，部分城市甚至

6

出现反弹；部分小流域水质也不稳定，政治成效没有得到巩固，特别是枯水期波动较大；四川省单位 GDP 能耗水平仍普遍偏高，超过全国平均水平。经济增长的资源环境代价过高的情况没有得到显著的改善，过度消耗自然资源，导致资源消耗与环境保护程度之间不匹配，从而持续对环境造成不可修复的伤害。国际经验也表明，发达国家改善环境质量，70% 以上靠产业结构调整和技术进步，我国新时代的发展要深刻汲取以往发展中付出过多环境成本和生态代价的教训，坚持推动绿色发展、高质量发展。

面对目前四川省环境与经济之间的挑战，需要坚持"精准治污、科学治污、依法治污"，持续推进污染防治，巩固扩大蓝天保卫战成果，强化水、土壤污染防治，改革创新环境治理方式；要壮大绿色产业，调整优化能源结构，促进资源节约集约和循环利用，改革完善环境经济政策。绿色发展是构建现代化经济体系的必然要求，是解决污染问题的根本之策，协同推进经济高质量发展和生态环境保护，是实现"十四五"生态环境持续改善的必经之路。

1.2 相关概念

1.2.1 清洁能源

根据各国能源政策的不同，对清洁能源的描述与定义差异较大。美国能源部将开发太阳能、风电、水能、地热、生物质和核能作为其在清洁能源开发的领先地位的组成；将风电、公用事业规模级光伏、分布式光伏、LED 以及电动汽车作为当前五种革命性清洁能源技术发展等，但是燃气并未纳入美国清洁能源行列。欧盟在 2016 年 11 月通过了清洁能源转型的立法框架，其中清洁能源投资包括电力联网与天然气联网等促进能源清洁利用的领域。总的来说，将可再生能源、核能等对环境影响较小的能源品种以及能效纳入清洁能源范畴，是重要国际组织的基本共识。

对于我国来讲，政府机构并未在正式文件中给予清洁能源准确的定义，但是相关机构包括国家统计局和国家能源局的统计报告实质上给出了一定的范围。比如国家统计局从 2002 年起将水电、核电、风电等作为清洁能源。我国国民经济和社会发展统计公报从 2014 年起发布了清洁能源消费量占能源消费总量的比例，其中就包括了水电、风电、核电、天然气等。而"十一五"期间就已明确将太阳能列入清洁能源中。因此，总的来说，水电、风电、太阳能等可再生能源发电以及核电、天然气等都是我国清洁能源的重要组成部分。

1.2.2 化石能源

化石能源是指以石油、天然气、煤为代表的含碳能源，是一种碳氢化合物或其衍生物，实际上也可认为是一种化学能源，其能源利用主要是基于碳氧化为二氧化碳（也包括氢氧化为水）的化学放热反应。化石能源由古代生物的化石沉积而来，属于不可再生的一次能源。尽管化石燃料不完全燃烧后，都会散发出有毒的气体，但它是人类必不可少的燃料。

我国化石能源资源丰富，自新中国成立以来，我国探明的储量矿种从十几种增至 162 种，煤、石油等重要矿产储量大幅增长。其中，石油储量从 0.29 亿吨增至 35.73 亿吨，增长 122 倍；截至 2018 年，全国石油地质资源量 1257 亿吨。天然气地质资源量 90 万亿立方米。全国埋深 4500 米以浅页岩气地质资源量 122 万亿立方米。埋深 2000 米以浅煤层气地质资源量 30 万亿立方米（表 1-1）。根据天然气水合物资源类型及赋存状态，结合地质条件，初步预测我国海域天然气水合物资源量约 800 亿吨石油当量。

表 1-1 主要矿产查明资源储量

序号	矿产	单位	2017 年	2018 年	增减变化/%
1	石　油	亿吨	35.42	35.73	0.9
2	天然气	亿立方米	55220.96	57936.08	4.9
3	煤层气	亿立方米	3025.36	3046.30	0.7
4	页岩气	亿立方米	1982.88	2160.20	8.9
5	煤　炭	亿吨	16666.73	17085.73	2.5

数据来源：《中国矿产资源报告（2019）》。

　　然而，我国化石能源分布极不均衡，在地域分布上具有不同程度的不平衡性，90%的煤炭储量分布在秦岭—淮河以北地区，从东西方来看，85%的煤炭分布在中西部，沿海地区仅占15%，石油、天然气资源集中在东北、华北和西北，占全国探明储量的86%，集中程度高于煤炭。再者与世界平均水平相比，我国人均能源占有率极低，在能源利用方面和发达国家相比仍然不充分，技术水平落后，消费需求不断增长，资源约束力越来越大，石油、煤炭能源对外依存度逐渐攀升，给我国能源与经济安全带来威胁。

　　目前，化石能源仍然是全球消耗的最主要能源，随着人类社会的不断发展，能源开采量越来越大，终将会有枯竭的一天；并且从环境角度来看，由于化石能源的燃烧会产生大量的温室气体以及其他污染物，对环境造成不可逆的伤害，因此开发清洁的可再生能源是现今能源发展的主要方向。

1.2.3　绿色发展

　　改革开放四十多年来，中国已成为世界第二大经济体，创造了无数个"中国奇迹"。但由于粗放式发展模式，经济在快速发展的同时环境承载力已逼近极限，大自然受到过度透支，并且资源消耗与环境补偿的速度不匹配，导致水体污染、大规模雾霾、土壤重金属超标等环境问题随之产生，而且"富煤、贫油、少气"的资源禀赋特点使我国形成了以化石能源为主的能源消费结构，这种结构虽然推动了我国经济社会的高速发展，但是导致了环境污染与资源瓶颈问题，因而这种高投入、高消耗、高污染的粗放型经济发展方式亟须得到转变。习近平总书记也强调，单纯依靠刺激政策和政府对经济大规模直接干预的方式，只治标，不治本，而建立在大量资源消耗、环境污染基础上的增长则更难以持久。所以我国亟须在环境保护方面对传统能源体系建设做出一定的改革。

国家发改委和国家能源局相继发布了《能源生产和消费革命战略（2016—2030)》《中华人民共和国国民经济和社会发展第十三个五年规划纲要》《大气污染防治行动计划》等文件，党的十九大报告也明确提出构建以市场为导向的绿色技术创新体系，推进能源生产和消费革命，构建清洁低碳、安全高效的能源体系，推进能源革命，着力推动能源生产利用方式改革，优化能源供给结构，提高能源利用效率，建设清洁低碳、安全高效的现代能源体系，维护国家能源安全。此外，报告还提出了"到 2050 年非化石能源消费占比超过一半，建成现代能源体系，保障实现现代化"的目标。但是在目前我国的能源结构中，非化石能源占比仍只有 14％ 左右，实现这一目标任重而道远。

首次提出"绿色发展"理念是 2015 年 10 月 26 日至 29 日在北京举行的中国共产党第十八届中央委员会第五次全体会议上，习近平总书记率先提出创新、协调、绿色、开放、共享五大发展理念，将绿色发展作为关系我国发展全局的一个重要理念，并作为"十三五"乃至更长时期我国经济社会发展的一个重要基本理念。绿色发展是以效率、和谐、持续为目标的经济增长和社会发展方式，以保护环境为基础，充分考虑到我国能源资源的特点，尊重自然、保护自然、顺应自然，实现中国经济与社会的快速发展。具体内容包括"万元地区生产总值水耗""万元地区生产总值能耗""城市污水处理率"以及"生活垃圾无害化处理率"等。由于中国经济发展迅速，人民生活质量越来越高，人民对电力、热能、风力等清洁能源的需求也越来越高，相应地我国能源朝着高质量发展的压力也就越来越大。而且根据国际机构核算，目前我国的碳排放量已超过美国与欧盟的总和，人均碳排放量也高于世界平均水平。综合以上两个方面，我们必须深入学习与贯彻绿色发展理念，基于中国还是发展中国家的事实以及中国经济高速发展的现实，积极探索出一个符合中国国情的清洁低碳、智慧高效、经济安全的现代能源体系，并寻求一条能实现环境保护、经济发展、应对气候变化的能源转型道路。中国不仅仅要"金山银山"，也要"绿水青山"。当前无论是国内还是国际，绿色发展已是各国追求的目标。在此形势下，我国已出台了一系列绿色发展相关政策，为我国能源体系的清洁高效转型奠定了坚实的基础。除此之外，我国还可以与国外积极合作，这样不仅可以加快保护环境的速度，还可以使中国经济的发展更为持久。

1.2.4　现代能源体系

现代能源体系是一个涵盖能源生产、转化、传输、消费和管理体制的综合系统，但与传统能源体系不同的是，它是基于可再生能源与气体能源相融合的多元能源结构。通过依托清洁能源和互联网相耦合的智慧能源技术，它从传统能源体系逐步进化形成一个全新的能源体系，同时，它也是从传统能源体系走向未来能源体系的必经阶段。

《中国国民经济和社会发展第十三个五年规划纲要》对建设现代能源体系作了阐述，提出要深入推进能源革命，着力推动能源生产利用方式变革，优化能源供给结构，提高能源利用效率，建设清洁低碳、安全高效的现代能源体系，维护国家能源安全。

2016 年 12 月，国家发展改革委、国家能源局关于印发《能源生产和消费革命战略（2016—2030)》的通知，也提出要建设现代能源体系。该通知指出，2050 年要实现"非化石能源占比超过一半"和"构建清洁低碳、安全高效的能源体系"的能源愿景，通过掌握核心技术、发挥体制优势、打破国际能源壁垒、逐步降低煤炭在能源消费中的比例，来促进能源体制的改革，实现绿色发展。"十三五"规划纲要围绕建设现代能源体系提出了三个方面的任务：一是推动能源结构优化升级，二是构建现代能源储运网络，三是积极构建智慧能源系统。

现代能源体系有三大特点：清洁低碳、智慧高效与经济安全。我国要积极探索出一条清洁低碳的发展道路。这样的道路不仅能减少环境污染，还能促进能源产业升级、结构优化。

走绿色发展的道路必须实现能源发展的清洁低碳，这也是现代能源体系发展的前提。目前全世界已经对温室气体引起的气候变化问题达成共识，并达成了二氧化碳减排的约束性政府间协议，我国政府也承诺到 2030 年碳排放达到峰值。由于我国是能源消费大国，而且以煤炭石油为主，因此在应对碳排放问题上将受到越来越大的国际压力，建设清洁低碳的现代能源体系迫在眉睫。

目前我国的 5G、人工智能、大数据等技术在世界排名前列，为我国实现现代能源转型提供了有力的技术支撑，加速推进了智慧高效的能源体系建设。在能源产业的组织、管理、模式方面进行科技变革，可以提高整个能源产业的工作效率。科学利用大数据，建设能源的科学交易系统，创新平台运营方式，有利于提高整个能源系统的能效。

能源体系是为经济服务的，现代能源体系的改革能为经济安全发展创造更好的环境。构建"经济安全"的能源体系，最关键在于创新。创新是一个国家的核心竞争力，我们应该加大对能源产业核心技术的创新力度，这样才能维护国家在世界的地位，才能拥有更多的话语权，在能源价格上才有一定的控制能力，才能维护我国的经济安全发展。另外，在能源供应上保持多元供应、在能源市场上加大准入开放力度、在能源制度上进行创新与改善，都是维护我国经济安全的重要举措。

第 2 章　能源发展现状与趋势

2.1　我国能源发展现状

2.1.1　我国能源资源概况

　　我国是世界上能源消费与生产大国，并且能源资源总量比较丰富，其中煤炭占主导地位，已探明的煤炭储量占世界煤炭储量的 12.6%，可采量位居世界第三，产量位居世界第一。我国探明可直接利用的煤炭储量 1886 亿吨，人均探明煤炭储量 145 吨，按人均年消费煤炭 1.45 吨，即全国年产 19 亿吨煤炭匡算，可以保证开采上百年。另外，包括 3317 亿吨基础储量和 6872 亿吨资源量共计 1 万亿多吨的资源，可以留待后人勘探开发。但我国是一个多煤、少油、少气的国家，已探明的石油和天然气资源储量相对不足，页岩油等非常规化石能源储量以及开发潜力非常大，然而开发难度也居世界前列。可再生能源较为丰富，从目前来看，水电仍在我国可再生能源体系中占主导地位，风电、光伏发展也很迅速，生物质能和地热发电近年来也在不断增长中。我国能源资源禀赋分布不均衡，各地各省能源分布呈现明显的差异，北方大多数省份以煤炭为主，南方一些省份则以水力资源为主。而且中国主要的能源消费地区集中在东南沿海的经济发达地区，基于此就有了北煤南运、北油南运、西气东输、西电东送。与世界其他国家相比，我国能源资源开发难度较大，并且开采技术也与发达国家存在差距。煤炭资源地质开采条件差，只有极少量可供露天开采；石油和天然气对勘探开发技术要求较高；水力资源多集中于南方的森林区，开发难度、运输成本都较大；由于地理分布和技术原因，页岩气的开发难度也非常大。

近年来，我国能源产业快速发展，但富煤、贫油、少气的资源禀赋特点使我国长期以来形成了以化石能源为主的能源消费结构，由此带来了生态环境破坏和能源资源瓶颈等问题。同时，我国政府向世界承诺到 2030 年碳排放达到峰值。总体来讲，一方面，化石能源仍是我国能源消费的主体，原油及天然气对外依存度不断加大，给我国的能源安全带来隐患；另一方面，可再生能源的清洁能源替代作用日益凸显。

2.1.2　我国能源生产现状

在能源生产方面（表 2-1），可以看到在这十年里，原煤在我国能源生产总量中占据主导地位。我国能源生产总量在 2016 年以前呈连续增长态势，2016 年转头下降，近两年出现连续增长。总的来看，我国能源生产总量仍然保持一定的增速。从能源种类上来看，原煤产量在 2014 年出现下滑，一直持续到 2018 年才结束下降趋势，转而上升。原油产量 2016 年出现大幅下滑，跌破了 3 亿吨标准煤，2017 年和 2018 年持续下滑，但是在 2018 年降幅收窄。天然气近几年开发力度加大，所以生产总量持续上升。一次电力与其他能源在国家政策的大力扶持下增长速度也持续加快。

表 2-1 2009—2018 年能源生产情况（单位：万吨标准煤）

年份	能源生产总量	原煤	原油	天然气	一次电力及其他能源
2008	277419	213057	27187	10819	26354
2009	286092	219718	28037	11443	28037
2010	312125	237839	29027	12797	32461
2011	340178	264658	28915	13947	32657
2012	351041	267493	29838	14392	39316
2013	358784	270523	30137	15786	42336
2014	361866	266333	30396	17007	48128
2015	361476	260985	30725	17350	52414
2016	346037	241533	28375	17993	58134
2017	358500	249516	27246	19359	62379
2018	377000	261261	27144	20735	67860

数据来源：数据由历年《中国统计年鉴》按比例计算所得。

从我国近十年的能源生产结构（表 2-2）可知，原煤生产在能源生产结构中占据主导地位，但是占比自"十二五"（2011—2015）以来呈持续下降的趋势，2018 年占比与 2011 年相比较下降 9.5 个百分点，原油占比则持续下降，2018 年占比较 2008 年下降 2.6 个百分点。天然气与一次电力及其他能源在"十二五"前后占比呈不变或下降态势，但在此之后占比逐年增长。天然气和水电、核电、风电等清洁能源生产合计占比在 2016 年超过 20%、达到 22.2%。2017、2018 年，清洁能源占比分别为 23.8%、24.6%。这些都表明我国能源生产结构正逐渐向清洁低碳靠拢。此外，单独就天然气而言，由于煤炭的过高消费带来的环境污染日益严重，推行使用天然气替代成为必然趋势之一。但是我国天然气的供给整体增速呈波动状态，2015 年和 2016 年我国天然气产量增速放缓至 2.0%~3.7%，2017 年产量增速开始回升。2018 年我国天然气产量为 20735 万吨标准煤，同比增长 7.1%。与此同时，我国天然气对外依存度大幅增加，2019 年 1—11 月我国天然气进口量共计1182 亿立方米，从 2010 年的 15%跃升至 45.3%（表 2-2）。

表 2-2　2008—2018 年中国能源生产结构

年份	能源生产总量/ 万吨标准煤	原煤/%	原油/%	天然气/%	一次电力及 其他能源/%
2008	277419	76.8	9.8	3.9	9.5
2009	286092	76.8	9.4	1.0	9.8
2010	312125	76.2	9.3	4.1	10.4
2011	340178	77.8	8.5	4.1	9.6
2012	351041	76.2	8.5	4.1	11.2
2013	358784	75.4	8.4	4.4	11.8
2014	361866	73.6	8.4	4.7	13.3
2015	361476	72.2	8.5	4.8	14.5
2016	346037	69.8	8.2	5.2	16.8
2017	358500	69.6	7.6	5.4	17.4
2018	377000	69.3	7.2	5.5	18.0

数据来源：历年《中国统计年鉴》。

2.1.3　我国能源消费现状

在能源消费方面，十年里，我国能源消费总量持续上升，2018 年与 2009 年相比，能源消费总量增长了 38%。从增速来看，2012 年到 2015 年，同比增速持续下降，之后转向开始回升，但是和 2017 与 2011 年 7.3%的增速相比，2012 年到现在都是放缓状态。从表 2-3 来看，我国能源消费从 2011 年之后增长速度明显放缓。根据国家统计局初步核算，2018 年能源消费总量为 46.4 亿吨标准煤,比上年增长 3.3%,其中煤炭消费量增长 1.0%,原油消费量增长 6.5%,天然气消费量增长 17.7%,电力消费量增长 8.5%。

表 2-3 我国能源消费情况(单位:万吨标准煤)

年份	能源消费总量	煤炭	石油	天然气	一次电力及其他能源
2008	320611	229236	53542	10900	26931
2009	336126	240666	55124	11764	28234
2010	360648	249568	62752	14425	33900
2011	387043	271704	65023	17803	32511
2012	402138	275464	68363	19302	39007
2013	416913	280999	71292	22096	42525
2014	425806	279328	74090	24270	48116
2015	429905	273849	78672	25364	52018
2016	435819	270207	80625	27020	57963
2017	448529	270911	84323	31397	61897
2018	464000	273760	87696	36192	66352

数据来源:历年《中国统计年鉴》。

从能源种类上来看,煤炭消费量自"十二五"之后增长速度也逐渐减缓,2018 年的煤炭消费量占能源消费总量的 59.0%,比上年下降 1.4 个百分点;石油增长速度变化不大,但是由于我国石油资源缺乏,生产量远远低于石油需求总量,所以原油对外依存度长期处于高位并且有进一步增加的趋势。天然气与其他能源消费占能源消费总量的 22.1%,上升了 1.3 个百分点,近年来我国天然气消费量明显增加,并且从 2007 年开始,我国天然气消费量大于生产量,对外依存度不断攀升,2018 年达到了 43.69%。

　　能源结构的变化也充分证实了上述消费的增长变化。随着能源结构的持续优化，煤炭消费占比逐渐下降，2018 年跌入 60% 以内，再创历史新低。虽然目前我国在大力推行清洁能源的发展，但煤炭作为我国能源结构主体的基本国情在未来很长一段时间内难以改变，其在短期内仍是我国主要能源来源。石油消费变化不大，天然气和其他能源消费占比逐渐上升，尤其是进入 2017 年后，受自上而下的"煤改气"政策的推动，我国天然气消费量明显增加，到 2018 年消费量更是达到了 36192 万吨标准煤，同比增长 15.3%。其中，清洁能源在十年时间里，比重从 2008 年的 12% 上升到 2018 年的 22.1%，消费占比持续上升（表 2-4、图 2-1）。

表 2-4　2008—2018 年我国能源消费结构

年份	能源消费总量/ 万吨标准煤	煤炭/%	石油/%	天然气/%	一次电能及 其他能源/%
2008	320611	71.5	16.7	3.4	8.4
2009	336126	71.6	16.4	3.5	8.5
2010	360648	69.2	17.4	4.0	9.4
2011	387043	70.2	16.8	4.6	8.4
2012	402138	68.5	17.0	4.8	9.7
2013	416913	67.4	17.1	5.3	10.2
2014	425806	65.6	17.4	5.7	11.3
2015	429905	63.7	18.3	5.9	12.1
2016	435819	62.0	18.5	6.2	13.3
2017	448529	60.4	18.9	7.0	13.8
2018	464000	59.0	18.9	7.8	14.3

　　数据来源：历年《中国统计年鉴》。

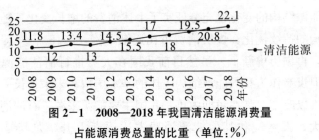

图 2—1 2008—2018 年我国清洁能源消费量
占能源消费总量的比重（单位：%）

数据来源：历年《中国统计年鉴》。

2.1.4 我国能源发展趋势

第一，在能源消费方面。从 2012 年以来，我国经济增速已经开始放缓，GDP 增速由 7.9% 下降至 6.9%，同时第二产业占 GDP 比重下滑，从 45% 下降到 40%；煤炭消费占比也逐渐下降，由 68.5% 下降至 60.4%。随着我国能源产业结构的逐渐优化，粗放式能源消费得到转变，推动了我国能源效率的提升，单位 GDP 能耗由 3.88 吨油当量/万美元下降至 3.08 吨油当量/万美元，同时我国鼓励降低煤炭消费，大力发展清洁能源，未来能源效率有望进一步提升。经济增速放缓加上能源效率的提高，使得 2012 年以来我国能源消费增速明显放缓，近五年年均复合增速仅 2.3%，但是在能源总量上仍然保持持续增长态势。由于外部经济环境总体趋紧，国内经济也存在下行的压力，受此影响，能源消费增速不会高于 2018 年的 3.3%，因而能源消费会更加高效。并且在未来能源消费将向低碳化、清洁化发展，非化石能源和天然气占一次能源消费的比重将持续提高，而煤炭消费占比将会下降。

第二，在能源供给方面。根据近十年的能源生产数据来看，2018 年能源生产增速高于消费增速 1.7 个百分点，并且根据各个细分行业如煤炭、油气和电力等的发展态势来看，2019 年生产增速将延续高于消费增速的态势，从我国能源生产和消费结构来看，这有利于保障我国的能源供给安全。其中对于煤炭，在未来我国将继续推进结构性去产能、系统性去产能，并且将持续释放优质产能，煤炭的清洁高效利用度将持续提升；油气的勘探开发能力不断得到强化，通过不断提升技术创新能力与加强核心技术开发，将有利于超过 2018 年 11.5% 的增速，非常规油气资源的生产与利用将逐渐扩大其影响力，石油产量将回升；电力年新增装机将延续多年破亿的态势，清洁电力装机持续壮大，其中风电、光伏发电新增装机预期能超过 6000 万千瓦，我国在建在运的核电项目将得到健康有序的发展。但需注意的是，在我国能源行业中，个别能源行业还存在区域性、时段性供给紧张并存的问题，并且这一问题将长期存在。

第三，能源结构得到优化，清洁能源比重将加大。据国家发改委、国家能源局 2016 年底印发的《能源生产与消费革命战略（2016—2030）》，未来我国将坚持能源绿色生产、绿色消费，降低煤炭在能源结构中的比例，大幅提高新能源和可再生能源比重，使清洁能源基本满足未来新增能源需求。预计到 2030 年，国内石油消费增速放缓，占比稳定在 17%～20%；煤炭消费总量下降，能源结构占比降至 46%；天然气与其他可再生能源快速发展，其能源结构占比分别提高至 15% 和 20%。

第四，清洁能源开发力度不断加大。中国是国际洁净能源的巨头，是世界上最大的太阳能、风力与环境科技公司的发源地。如表 2-5 所示，2019 年末全国发电装机容量 201066 万千瓦，比上年末增长 5.8%。其中，火电装机容量 119055 万千瓦，增长 4.1%；水电装机容量 35640 万千瓦，增长 1.1%；核电装机容量 4874 万千瓦，增长 9.1%；并网风电装机容量 21005 万千瓦，增长 14.0%。太阳能方面，我国具有十分丰富的太阳能资源，主要用以太阳能热发电（能源产出）和建筑终端直接用能，包括光伏发电、光热发电、太阳能热水器和太阳能空调。目前，我国已成为全球最大的太阳能光热应用市场。根据国家统计局发布的数据，2019年我国并网太阳能发电装机容量20468万千瓦，增长17.4%。随着国家不断加强对清洁能源行业的发展支持力度，未来清洁能源的开发力度将迎来进一步提升。

表2-5　2009—2019年我国发电装机容量（单位：万千瓦）

年份	发电装机容量	火电	水电	核电	风电	太阳能发电	其他
2009	87410	65108	19629	908	1760	3	3
2010	96641	70967	21606	1082	2958	26	3
2011	106253	76834	23298	1257	4623	212	19
2012	114676	81968	24947	1257	6142	341	20
2013	125768	87009	28044	1466	7652	1589	8
2014	137887	93232	30486	2008	9657	2486	19
2015	152527	100554	31954	2717	13075	4218	9
2016	165051	106094	33207	3364	74747	7631	7
2017	177708	110495	34359	3582	16325	12942	7
2018	189967	114367	35226	4466	18426	17463	18
2019	201066	119055	35640	4874	21005	20468	24

数据来源：中国电力企业联合会。

第五，纵观世界能源形式与我国的能源发展状况，未来我国能源转型与变革将得到进一步加强，清洁低碳、智慧高效的能源发展趋势已达成共识。习近平总书记关于能源"四个革命、一个合作"的重要战略思想将继续指引我国能源产业以构建"清洁低碳、安全高效"的现代能源体系为目标，加快科技创新与行业体制创新，加强环境保护力度，为推动我国能源转型与变革增加动力，为促进我国经济社会健康发展提供坚实的能源保障。

第六，全球国际能源格局正在经历的"页岩革命""密度革命"，除了为我国能源转型提供重要的借鉴和机遇，还释放了以美国为首的美洲地区的油气供给潜力，改变了传统以中东地区为主的全球油气供应格局，使得美国顺势加快调整能源战略，从谋求"能源独立"转向"能源主导"，对国际能源经贸格局产生深刻影响，为世界油气发展乃至能源发展带来了新的不确定性。此外，以液化天然气（LNG）快速发展为核心的"密度革命"也正加速全球能源结构深度调整。我国在全球能源格局中扮演着重要的角色，适应并影响全球是未来我国能源的发展趋势，所以加快能源体系的改革已刻不容缓。

在世界这个大环境下，我国将加快能源走出去的步伐，加强能源领域的国际合作，特别是"一带一路"倡议的提出，将为未来我国能源的健康发展提供有力保障。目前"一带一路"能源合作伙伴关系成员国总数已经达到 30 个，在未来，成员国数量将得到进一步增长。伙伴关系能推动能源转型发展、完善全球能源治理体系，在生态环境保护、能源安全与可持续发展方面也发挥实质性作用。

2.2　四川省能源发展现状

2.2.1　四川省能源资源概况

四川省能源资源以水能、煤炭和天然气为主，水能资源约占75％，煤炭资源约占 23.5％，天然气及石油资源约占 1.5％，全省水能资源理论蕴藏量 1.43 亿千瓦，占全国的 21.2％，仅次于西藏。其中，技术可开发量 1.03 亿千瓦，占全国的 27.2％；经济可开发量 7611.2 万千瓦，占全国的 31.9％。水电技术、经济开发量均居全国首位，是中国最大的水电开发和西电东送基地。全省水能资源集中分布于川西南山地的大渡河、金沙江、雅砻江三大水系，约占全省水能资源蕴藏量的 2/3，也是全国最大的水电"富矿区"，其技术开发量占理论蕴藏量的 79.2% 以上，占全省技术开发量的 80%。全省煤炭资源保有量 122.7 亿吨，主要分布在川南，位于泸州市和宜宾市的川南煤田赋存了全省 70% 以上的探明储量，全省煤炭种类有无烟煤、贫煤、瘦煤、烟煤、褐煤、泥炭。油气资源以天然气为主，石油资源储量很小。四川盆地是国内主要的含油气盆地之一，已发现天然气资源储量 7 万多亿立方米，约占全国天然气资源总量的 19%，主要分布在川南片区、川西北片区、川中片区、川东北片区。四川每年可供开发利用的生物能源中，有人畜粪便 3148.53 万吨、薪柴 1189.03 万吨、秸秆 4212.24 万吨、沼气约 10 亿立方米。太阳能、风能、地热资源较为丰富，有待进一步开发利用（表 2-6）。

表 2-6　2008—2018 年四川省主要能源产量（单位：万吨标准煤）

年份	能源生产总量	原煤	原油	天然气	清洁能源
2008	10235.4	6884	27.8	2296.8	1026.8
2009	10555.3	6776.3	31.0	2544.0	1204.9
2010	11691.2	7154.5	21.6	3114.9	1400.8
2011	12268.5	7222.3	23.1	3218.6	1804.5
2012	12670.7	7598.7	22.8	3149.7	1899.5
2013	11959.8	5915.3	31.9	3524.8	2487.8
2014	11624.8	5161.2	27.4	3371.9	3064.3
2015	12441.4	5183.6	22.0	3553.8	3682.0
2016	12740.4	4740.6	15.4	3948.9	4035.5
2017	12729.2	3828.4	12.4	4581.3	4307.1
2018	12344.3	2944.7	11.6	4918.7	4469.3

数据来源：历年《四川统计年鉴》。

2.2.2 四川省能源生产现状

在能源生产方面，四川省已形成比较完善的能源生产和供应体系，包含煤炭、石油、电力、天然气、可再生能源等能源种类。2019 年四川省一次能源生产总量 12939.5 万吨标准煤，比上年增长 6%。根据四川省统计局数据，2018 年原煤产量 2150 万吨标准煤，同比下降 11 个百分点；原油产量 8.2 万吨标准煤，同比下降 2.4 个百分点；天然气产量 5861.3 万吨标准煤，同比增长 15 个百分点。不同能源品种的增长势头分化明显。

从最近十年的能源数据来看，能源生产总量经历了持续增长后于 2012 年开始下降，2015 年又开始出现上扬态势。分品种来看，原煤产量在 2013 年开始大幅下降，并且一直保持下降趋势。原油产量在 2013 年出现新高后持续下滑，并且在 2016 年后降幅开始逐渐扩大。天然气勘探开发力度不断加大，产量不断创下新高。其他能源包括水电、核电、风电也在延续增长势头。

近十年来，不同品种能源占比呈现出了不同的趋势。虽然能源生产总量变化是不定的，但是原煤的占比呈现逐渐下降的趋势是不可避免的，特别是"十二五"期间，相比起始年 2011 年，2015 年原煤占比下降 17.2 个百分点。原油生产占比在 2013 年出现反弹后，也开始呈现逐渐下降的态势，但是近年来降幅逐渐收窄；近几年天然气的生产速度加快，占比在十年的时间里上升了 17.4 个百分点；清洁能源在生产总量方面的增长速度和结构方面的调整速度都超过了天然气，占比在十年内增长了 26 个百分点（表 2−7）。

表 2-7　2008—2019 年四川省能源生产结构

年份	能源生产总量/万吨标准煤	原煤占比/%	原油占比/%	天然气占比/%	清洁能源占比/%
2008	10235.4	67.26	0.27	22.44	10.03
2009	10555.3	64.20	0.29	24.10	11.41
2010	11691.2	61.20	0.18	26.64	11.98
2011	12268.5	58.87	0.19	26.23	14.71
2012	12670.7	59.97	0.18	24.86	14.99
2013	11959.8	49.46	0.27	29.47	20.80
2014	11624.8	44.40	0.24	29.01	26.36
2015	12441.4	41.66	0.18	28.56	29.59
2016	12740.4	37.21	0.12	31.00	31.67
2017	12729.2	30.08	0.10	35.99	33.84
2018	12344.3	23.85	0.09	39.85	36.21

数据来源：历年《四川统计年鉴》。

2.2.3　四川省能源消费现状

根据四川省统计局核算，2018 年全省能源消费总量为15759.8 万吨标准煤，比上年增长 2 个百分点，其中煤炭消费量降低 3.6 个百分点，原油消费量降低 0.8 个百分点，天然气消费量增长 9.6 个百分点，另外天然气和一次电力及其他能源等清洁能源消费增速高于煤炭消费增速。十多年来，能源消费总量保持持续上升的总趋势，2018 年较 2008 年的能源消费总量增长了33.2%（表 2-8）。从增速来看，除 2014 和 2015 两年属于负增长外，其他年份都保持正增长的态势，并且近两年的增速明显低于 2013 年及以前的增速，属于低增速状态。

表 2-8　2008—2018 年四川省能源消费量（单位：万吨标准煤）

年份	能源消费总量	煤炭	石油	天然气	清洁能源
2008	11829.10	7729.70	1651.20	1448.90	999.30
2009	13321.10	8667.60	1906.20	1689.00	1058.30
2010	15014.00	9266.50	2179.80	2331.00	1236.70
2011	15958.00	8790.70	2635.10	2061.10	2471.10
2012	16897.60	9639.80	2843.80	2034.40	2379.60
2013	17774.60	9556.90	3523.50	1972.40	2721.30
2014	16973.80	8500.10	3930.10	2196.80	2346.80
2015	15079.00	6714.10	3476.90	2619.00	2268.70
2016	15159.50	6365.40	3563.10	2695.40	2535.60
2017	15448.70	6085.10	3711.60	2876.30	2775.70
2018	15759.80	5865.30	3680.70	3152.20	3060.80

数据来源：历年《四川统计年鉴》。

从表 2-9 来看，全省煤炭占能源消费总量比重总体呈现下降趋势，由 2008 年的 65.34% 下降到 2018 年的 37.22%，降幅达到 28.12 个百分点，下降速度一直处于平稳状态；石油在 2016 年以前的占比一直保持持续上升，在 2017 年下降后，2018 年占比又上升了 3 个百分点；天然气占比不断变化，呈现先上升后下降的趋势，2017 年到 2018 年波动幅度较大，从 27.2% 下降到 15.8%，下降了 11.4 个百分点。一次电力及其他能源占比持续提高，从 2008 年的 8.45% 上升到 2018 年的 19.42%，提高了 10.97 个百分点（图 2-2）。

表2-9 2008—2018年四川省能源消费结构

年份	能源消费总量/ 万吨标准煤	煤炭 占比/%	石油 占比/%	天然气 占比/%	清洁能源 占比/%
2008	11829.1	65.34	13.96	12.25	8.45
2009	13321.1	65.07	14.31	12.68	7.94
2010	15014.0	61.72	14.52	15.53	8.23
2011	15958.0	55.09	16.51	12.92	15.48
2012	16897.6	57.05	16.83	12.04	14.08
2013	17774.6	53.77	19.82	11.10	15.31
2014	16973.8	50.08	23.15	12.94	13.83
2015	15079.0	44.53	23.06	17.37	15.04
2016	15159.5	41.99	23.50	17.78	16.73
2017	15448.7	39.39	24.03	18.62	17.96
2018	15759.8	37.22	23.35	20.00	19.43

数据来源：历年《四川统计年鉴》。

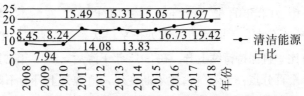

图2-2 2008—2018年四川省清洁能源消费量占能源消费
总量的比重（单位：%）

数据来源：历年《四川统计年鉴》。

2.2.4 四川省能源发展趋势

目前四川省正处于决胜全面小康、建设经济强省的时期，要适应经济新常态、把握发展新趋势，就要求我们走一条清洁低碳、安全高效的能源体系道路。从《四川省人民政府印发的"十三五"能源发展规划的通知》中可以看出，四川省未来的能源体系发展趋势包括重视清洁能源发展、突出能源产业转型和需求侧管理、提升能源普遍服务水平、加强科技创新和体制革命、完善用电基础设施五个方面。

第一，能源效率将会得到有效提升。为积极创建国家清洁能源示范省，四川省十分注重化石能源的清洁高效利用，连续多年关停传统重污染企业，整改重工业企业，强调企业能源利用效率。2019 年，新增燃煤机组超低排放改造 120 万千瓦，实施水泥企业差异化错峰生产，完成深度治理 36 家。不仅如此，还印发了《工业炉窑大气污染综合治理实施清单》，加快推进工业窑炉综合整治，淘汰 10 蒸吨/时及以下的燃煤小锅炉 542 台等。在一系列措施下能源利用效率将更加高效。第二，能源结构将不断优化，能源生产消费更加清洁低碳。丰富的天然气是四川省的优势资源，四川盆地常规天然气总资源量 7.2 万亿立方米，累计探明储量 3 万亿立方米，居全国第三位；页岩气资源量 27.5 万亿立方米，可开采量 4.42 万亿立方米，分别占全国的 20.5% 和 17.7%，均居全国第一位。页岩气勘探开发关键核心技术水平、装备制造、油田服务能力、体制机制创新程度、产量等均位居全国前列。2015 年，四川盆地天然气产量达 267.2 亿立方米。四川省将加快推动川中、川西和川东北常规天然气和川南页岩气的勘探开发，同时因地制宜在工业园区、大型楼宇等推进天然气分布式能源发展，在公交环卫等领域大力推广使用以压缩天然气（CNG）、液化天然气（LNG）为燃料的清洁能源汽车，扩大天然气（页岩气）消费，促进天然气（页岩气）产业发展。不仅如此，四川省太阳能、风能等新能源产业丰富，经过调查，仅太阳能资源来讲，光伏发电实际可利用量就超过 4000 万千瓦时。截至 2019 年底，四川光伏发电总装机 188 万千瓦，其中光伏电站 169 万千瓦；2019 年新增装机 7 万千瓦，其中光伏电站 2 万千瓦，光伏发电量28亿千瓦时。从水电资源来看，四川全省水电技术可开发量约为1.2亿千瓦时，截至2019年底，四川水电装机容量7689万千瓦。在大力推动天然气产业与新能源产业发展的基础上，四川省能源结构将得到大幅度的改善。第三，能源保障有力，民生用能质量和水平不断提高。未来四川省将着力完善居民用能基础设施，切实提高能源普遍服务水平，其中就包括加快天然气输配气管网建设，扩大管网覆盖范围，以继续扩大发展天然气产业。不仅在省内，在国际上四川省也积极就能源基础设施建设发表意见，在2019年"一带一路"四川国际友城合作与发展论坛之能源与基础设施分论坛上，四川国企向参会企业、各界机构发出"一带一路"国家（地区）能源与基础设施合作的四川倡议，包括要在能源与基础设施领域构建有效多边融资平台，积极探索境外投资领域、投资主体多元化和合作方式多样化，加强金融深度合作；结合"一带一路"沿线国家和地区的发展规划和建设需求，适时启动一批标志性合作项目，带动能源与基础设施领域的咨询、设计、承包、装备、运营等企业共同走出去；要推动产业合作和国际友城间产业发展规划的相互兼容、相互促进，加强国际产能和装备制造合作，培育新业态，保持经济增长活力。第四，现代能源体系要求的"智慧高效"与"经济安全"都离不开科技与创新，创新是能源体系改革的核心，科技是能源体系的关键。在未来能源科技创新将会取得新突破，从而加快现代能源体系的转变。2020年四川省印发了《四川省加快推进新型基础设施建设行动方案（2020—2022年）》（以下简称《方案》）。《方案》明确了要稳步推进智慧交通、智慧能源等融合基础设施，信息技术要深度融入交通、能源、水利、市政等传统基础设施领域，智慧能源是未来的发展方向与目标。最后在清洁能源方面，将加快开发力度，相关体制机制也会逐步得到完善。四川拥有丰富的水能资源，技术可开发量和经济可开发量分别为

1.48 亿千瓦、1.45 亿千瓦，均居全国第一位；全国十三个大型水电基地中有三个在四川，水电装机规模全国第一。2015 年，全省水电装机容量达到 6939 万千瓦。"十三五"期间，四川省将坚持以水电为主的能源开发方针，严格控制中型水电建设，全面暂停小水电开发，重点推进金沙江、雅砻江、大渡河"三江"流域的水电基地建设。随着乌东德、白鹤滩、两河口、双江口等一批重大水电工程开工建设，"十三五"新开工水电规模达 3056.4 万千瓦，其中国家"三江"水电基地新开工规模 2658.8 万千瓦。同时，四川省着力支持有调节能力的水电站建设，到 2020 年全省具有季以上调节能力的水电站占水电装机的比重将提高到 38%，四川省水电大省地位将进一步得到巩固和提高。另外，能源体制改革也会随着能源体系的转型而得到完善，包括能源行政审批制度、能源价格机制、能源市场体系等方面，并且能够充分发挥市场配置资源的决定性作用，以逐步还原能源的商品属性为核心，继续深入推进能源重点领域改革，健全能源运行机制，强化政府对能源市场的监测预警、总量平衡和运行调节。

第3章 四川省绿色发展与现代能源体系建设现状

3.1 四川省绿色发展现状

3.1.1 四川省绿色发展之经济篇

经济水平是衡量一个国家或地区综合实力的有力指标，经济的壮大可以推动一个国家或地区的政治、文化、工业、能源等各个产业的发展，为社会整体的持续发展提供坚实的物质基础，也是发展绿色经济的核心。从 2019 年来看，四川省全年实现地区生产总值（GDP）46615.82 亿元人民币，和 2018 年相比，增长了 14.6%。根据 2019 年全国各省市的地区生产总值排名，四川省在全国排名第六，比起 2018 年上升两个位次，维持着平稳上升的发展态势。四川省在西部地区属于经济发展强省，但是从横向来看，与全国其他发达省份仍然存在明显差距，如图 3-1 所示。

图 3-1　2019 年全国 GDP 排名前六位的省份（单位：亿元）

数据来源：历年《中国统计年鉴》。

虽然四川省地区生产总值与其他省份相比差距明显，但是从增长速度来看，仍然名列前茅。广东省与江苏省等经济强省的地区生产总值从 1 亿升至 2 亿都用了 2 年时间，但是四川省的地区生产总值突破 2 亿仅用了 4 年时间，可见四川省经济发展态势之迅猛，速度之快。但是从图 3-2 来看，虽然四川省经济发展快，劳动力资源丰富，但是大部分劳动力集中于第一产业，人均 GDP 与全国相比，仍然有一定的差距，低于全国大约 21.3 个百分点，并且随着经济的发展，两者之间的差距并没有得到有效缓解，还有逐渐扩大的趋势。这说明四川省经济整体水平虽然得到了有效提升，但仍处于发展中期，与全国发达省份仍然存在较大差距，因而四川省还需进一步优化经济发展结构，促进高科技产业的发展，如此才能进一步推动经济的健康高速发展。

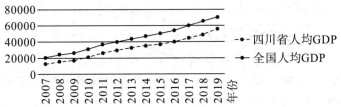

图 3-2　2007—2019 年四川省与全国人均 GDP（单位：元）

数据来源：历年《四川统计年鉴》。

图 3-3 是四川省自 2007 年至 2019 年的 13 年间三大产业产值的发展趋势图，随着四川省经济的不断发展壮大，三大产业也

呈现出不同的发展态势。在 2015 年以前，第二产业产值高于第一、三产业产值，后来在不断地发展中，第二产业产值的增速在波动中经历了多次上升与下降，但是总的来说，第二产业在四川省产业发展中占据主导地位，尤其是 2011 年到 2013 年，第二产业增加值在全省 GDP 中的占比都在 50％左右。这是由于四川省是中国西部工业门类最齐全、优势产品最多、实力最强的工业基地，有信心也有能力依靠自身丰富的能源资源，让其在西部地区乃至全国的机械、电子、冶金、化工、航空航天、核工业、建筑材料、食品、丝绸、皮革等行业都占有重要地位。2019 年第二产业增加值为 13365.7 亿元，比上年增长了 7.9％，对经济增长的贡献率达到 37.4％。可以发现 2015 年至今，四川省三大产业结构出现了明显的变化，第三产业从 2015 年开始到现在已取代第二产业成为三大产业中的领头羊，并且随着经济社会的发展，第三产业与第二产业开始拉开距离。虽然目前是在发展绿色经济的背景下，但第三产业的发展速度有放缓的趋势。由于第三产业种类多，产品附加值高，发展前景广阔，并且能促进第一产业和第二产业的发展，因此未来四川省将以第三产业为支柱产业，以科技创新为发展方向，积极促进经济的高质量发展。

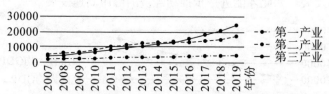

图 3-3　2007—2019 年四川省三大产业产值发展趋势（单位：亿元）

数据来源：历年《四川统计年鉴》。

3.1.2　四川省绿色发展之环境篇

四川省资源丰富，但由于其以工业发展为主，能源消耗量大，人均能源消费量也呈逐渐增加的趋势。如图 3-4 所示，

2019 年，在城市空气质量方面，从全省来看，平均优良天数率为 89.1%，同比上升 0.7 个百分点，其中优占 40.4%，良占 48.7%；总体污染天数比例为 10.9%，其中轻度污染为 9.5%，中度污染为 1.2%，重度污染为 0.2%。从大气污染物来看，全省 21 个市（州）政府所在地城市的二氧化硫年平均浓度为 9.4mg/m³，同比下降 16.1%，21 个城市均达标，其中年平均浓度达到一级标准的城市占 95.2%，未达到一级标准但达到二级标准的城市占 4.8%；全省 21 个市（州）政府所在地城市的二氧化氮年平均浓度为 27.8mg/m³，同比上升 0.7%，达州、成都年平均浓度超标，超标倍数分别为 0.08 倍和 0.05 倍，其余 19 个城市均达标；全省 21 个市（州）政府所在地城市的可吸入颗粒物年平均浓度为 52.9μg/m³，同比下降 4.5%，仅达州超标，占 4.8%，超标倍数为 0.05 倍，其余 20 个城市均达标。全省酸雨状况总体持平，发生率为 6.87%，酸雨城市比例为 9.5%，降水 pH 年均值上升 0.19 个百分点，与酸度基本持平；酸雨频率下降 2.6 个百分点，酸雨占总雨量比例下降 0.52 个百分点。

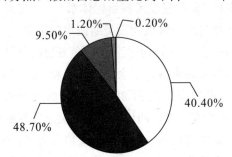

口 优　■ 良　■ 轻度污染　■ 中度污染　■ 重度污染

图 3-4　2019 年城市环境空气质量 AQI 等级占比

数据来源：《2019 年四川省生态环境状况公报》。

在水质方面，长江干流（四川段）、黄河干流（四川段）、嘉陵江水系优良比例为 100%，岷江和沱江水系优良水质断面占比分别为 84.2%、77.8%。岷江水系水质总体优，干流水质优，12 个断面中，达到优良水质标准的断面占 100%，支流水质良好，26 个断面中，优良水质断面占 76.9%，17 条支流中茫溪河受到重度污染。沱江水质总体良好，干流水质优，14 个断面均为Ⅲ类，支流水质总体受轻度污染，污染指标为总磷，22 个断面中，达到优良水质标准的断面占 63.6%。嘉陵江水系总体水质为优，干流水质优，21 条支流水质优良。如上所述，尽管四川省环境污染情况有所好转，但是仍不容乐观，化石能源生产、消费所产生的有害物质若得不到有效治理，将会给人民的生活环境带来极大的危害，水体污染、土壤硬化、雾霾及温室效应都是典型的例子。

3.1.3　四川省绿色发展之能源篇

自绿色发展理念提出后，特别是党的十八大以来，四川省作为能源大省为牢固树立并贯彻落实新发展理念，坚持低碳发展、绿色发展、循环发展，相继制定印发了《四川省绿色发展指标体系》《四川省生态文明建设考核目标体系》（川发改环资〔2017〕468 号）《关于推进绿色发展建设美丽四川的决定》等文件，并且在这些文件的指导下，四川省能源的绿色发展已取得一定的成就。

四川省能源资源丰富，以水能、煤炭和天然气为主，水能资源约占 75%，煤炭资源约占 23.5%，天然气及石油资源约占 1.5%。自改革开放以来，四川省能源发展迅速且取得辉煌成就，能源生产与消费向清洁高效、低碳环保稳步转型，主要由煤炭向清洁能源如电力转化。能源生产结构不断优化，消费逐步实现合理增长，为四川省经济的健康发展、能源体系的转型奠定了坚实的基础。

3.1.3.1 四川省单位能源消耗

四川省由粗放式经济发展模式逐渐向集约式经济发展模式转变，在各项方针政策的指导下，通过加快能源生产消费技术改造、提高创新能力、改变管理方式、实施节能减排工程等措施，全省节能减耗态势良好。本书以 2005 年为基年，计算真实GDP，以公式"单位地区生产总值能耗=能源消费量/地区生产总值"为标准进行计算，所得结果如表 3-1 所示。据该表可知，四川省单位 GDP 能耗在近十年内呈不断下降趋势，其十年的下降幅度达到 74%，除 2012、2013、2015 年下降速度达到 0.07、0.15、0.15 外，其余年份增长速度都稳定在 0.05 左右，近年下降速度有收窄的趋势，2018 年下降速度为 0.04。这说明现在四川省能源降耗已经取得阶段性的胜利，接下来的降耗任务将更为艰巨，需要政府持续加大绿色发展力度，坚定走可持续发展道路。

表 3-1 四川省单位 GDP 能耗（单位:%）

年份	2008	2009	2010	2011	2012	2013	2014	2015	2016	2017	2018
单位 GDP 能耗	1.42	1.34	1.27	1.22	1.13	0.96	0.92	0.78	0.74	0.70	0.68

数据来源：由历年《四川统计年鉴》数据计算获得。

从图 3-5 来看，在各项节能政策措施的大力推动下，四川省认真贯彻绿色发展理念，积极调整能源生产与消费结构，使得全省节能降耗成效显著，单位 GDP 能耗整体呈现下降趋势。由于单位 GDP 能耗已被纳入"十三五"国民经济指标和社会发展五年规划纲要，可见四川省在节能降耗方面已取得显著成就，为其构建现代能源体系提供了坚实的基础。

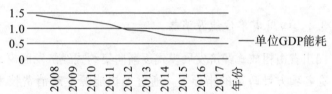

图 3-5 2008—2017 年四川省单位 GDP 能耗（单位：吨标准煤/万元）

数据来源：由历年《四川统计年鉴》计算获得。

3.1.3.2 四川省单位工业增加值

在工业方面，单位工业增加值指一定时期内，一个国家或地区每生产一个单位的工业增加值所消耗的能源，主要反映经济对能源的依赖程度以及节能降耗的成效，并且单位工业增加值对单位 GDP 能耗的下降具有推动作用，所以工业节能对整个社会的节能具有重大意义。如表 3-2 所示，四川省单位工业增加值能耗逐年下降，从 2007 年的 2.6％下降到 2017 年的 1.0％，下降幅度超过 50％，说明四川省工业经济正逐步摆脱高能耗、高污染的经济发展模式，逐步向清洁高效的能源体系转型。

表 3-2 四川省单位工业增加值能耗（单位:%）

年份	2007	2008	2009	2010	2011	2012	2013	2014	2015	2016	2017
单位工业增加值能耗	2.6	2.4	2.2	2.0	1.8	1.6	1.5	1.4	1.2	1.1	1.0

数据来源：历年《四川统计年鉴》。

从图 3-6 来看，四川省单位工业增加值能耗呈下降趋势，"十二五"和"十三五"前三年的单位工业增加值能耗分别累计下降 33.8％，远高于 GDP 能耗累计降幅，并且单位工业增加值能耗对社会节能推动作用明显，有利于未来四川省能源体系的转型。

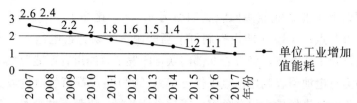

图3-6　2008—2017 年四川省单位工业增加值能耗（单位：吨标准煤/万元）
数据来源：历年《四川统计年鉴》。

3.1.3.3　其他能源利用效率

通过推进一系列技术改造和创新、淘汰落后工业技术等措施，四川省单位产品能耗水平明显降低，总体处于下降趋势，其中部分高耗能产品单耗降幅明显，这主要是由于四川省在技术、生产、科技等方面进行了改革。2018 年与 2012 年相比，在统计的年耗能 1 万吨标准煤及以上的重点耗能工业企业中，机制纸及纸板综合能耗下降 39.6%，烧碱综合能耗下降 22.5%，吨铜综合能耗下降 7.4%，合成氨综合下降 6.6%，水泥综合能耗下降 3.9%，水电火力发电标准煤下降 3.7%，平板玻璃综合能耗下降 0.7%。

另外，四川省能源加工转换率逐步提升（图 3-7）。该转换率是用来评估能源加工转换装置和生产工艺先进与落后、管理水平高低等的重要指标，也是技术节能的重要体现。2008 年至 2018 年这十一年间，全省规模以上工业企业的能源加工转换率总体提高 16.33 个百分点。

图 3-7　2008—2018 年四川省能源加工转换率（单位：%）
数据来源：历年《四川统计年鉴》。

最后，四川省能源回收利用水平进一步提高。2018 年，规模以上工业企业能源回收利用率为 4.3%，比 2010 年提高 2.2 个百分点；2019 年四川省制订了新能源汽车动力蓄电池回收利用试点工作方案，紧接着 9 部门联合印发了《四川省新能源汽车动力蓄电池回收利用试点工作方案》；2020 年成都市生活垃圾分类工作推进领导小组办公室、成都市商务局、成都市城管委三部门联合印发了《成都市再生资源回收利用发展规划（2020—2025)》，详细制定了成都未来 5 年再生资源回收利用行业发展的"任务书"和"路线图"。总的来说，在最近十年，四川省节能降耗成效显著，为构建现代能源体系把握了方向，为实现清洁高效的低碳能源体系奠定了坚实的基础。

3.2 四川省现代能源体系建设现状

3.2.1 四川省现代能源体系建设概况

在能源供给与消费方面，四川省清洁能源丰富，在建立清洁高效的现代低碳能源体系上具有优势。近年来，四川省强化能源消耗管控，大力实施清洁能源替代，能源体系已有了很大的改善。四川盆地能源资源丰富，无论是天然气还是页岩气，都表明四川省即将成为一个新的全国能源焦点，并且能加快全国能源体系的变革。中国石油西南油气田公司制定的最新发展规划表明到 2035 年，要建成国内最大的现代化天然气工业基地，年产量达 700 亿立方米，这也表明西南油气田有望成为中国第三个油气当量年产超过 5000 万吨的油气田。如此巨大的年产量要得益于技术的进步。除了常规天然气的开发，在页岩气方面四川省也受到了来自全世界的关注。从目前西南油气田的发展计划中可以看到，到 2035 年，页岩气产量将达到 420 亿立方米，占比超过了西南油气田天然气年产量的 50%，西南油气田有望成为世界级别的清洁能源供应中心,不仅有利于四川省的绿色发展,还能推动中国能源消费结构的转型。由此可见,随着中国能源体系革命的有序进行,四川省也逐渐肩负起保证清洁能源供应安全的重任。

在能源结构方面,2016 年四川省煤炭产量为 6406.5 万吨,总计煤炭销售量为 7539.3 万吨。四川地区的煤炭资源并不十分丰富,需要依赖进口解决消费大于供给的情况。尤其是近年来,原煤产量累计增长呈逐月递减趋势,产量下降幅度较大,种种迹象表明四川地区煤炭能源不足,需要寻找替代品。由于我国幅员辽阔,煤炭种类丰富,不同地点的采煤技术差异较大,四川盆地自身煤炭质量较差,进而影响燃煤质量,因此寻找煤炭能源的替代品具有很强的现实意义。目前四川省除了甘孜、阿坝、凉山州,现有煤炭消费工业园区 136 个,园区用煤量大的地方集中在成都、达州、泸州、内江、宜宾等地区,总计用煤量达 1792 万吨。随着四川省燃煤园区的集中管理,不少城市开始集中治理燃煤污染,加快建设"禁煤区",甚至有部分县市区域提出要实现无烟排放,说明煤炭需求在四川未来的发展中将继续呈下降趋势。可见,四川省将逐步减少煤炭在能源消费中所占比例,其能源体系结构正朝着清洁低碳发展。

在节能降耗方面,四川省于 2017 年对 20 余个行业、180 余家非煤企业的落后产能实施了淘汰,减少了不合理用能 100 余万吨标准煤,并且还继续压减煤炭产能,关闭煤矿 114 处,退出产能 1648 万吨。在这一年,四川省绿色发展取得新成效,通过大力推进能源供给侧结构性改革,一方面全省清洁能源供应能力大幅提升,能源供给结构已经转变为以清洁能源为主。至 2018 年年底,全省水电装机 7674 万千瓦,占总装机的 79.3%;水电发电量 3145 亿千瓦时,占总发电量的 86%。另一方面,全省化石能源过剩产能稳妥有效化解,全省累计关停小火电机组 96 台、装机 281 万千瓦。

总的来说，自改革开放以来，四川省认真贯彻绿色发展理念，积极推进绿色发展，促进能源体系转型，大力发展清洁能源，淘汰落后产能，在改善生态环境上成绩斐然。接下来，四川省将扎实推进减煤替代和电能替代，加强节能技术研发，持续加强和完善节能减排工作，努力提高能效水平，实现能源清洁高效利用。

3.2.2　四川省现代能源体系建设短板

虽然四川省能源体系较之前已有了很大的改进，但是能源体系的转型不是一朝一夕之功，实现绿色发展的战略目标仍需解决一些突出的矛盾和问题。

目前四川省能源体系还存在以下问题。

3.2.2.1　污染排放量大

煤炭作为四川省能源消费的主要形式，含硫量高，其燃烧所产生的有害气体将对空气造成极大的污染，再加上四川属于盆地地形，不利于有害气体的扩散，加重了大气无污染的压力。

从图 3-8 可以看出，虽然四川省污染排放量总体呈逐年下降趋势，但是其仍然属于污染较严重的地区，2019 年四川省二氧化氮年均浓度同比上升 0.7%，成都、达州属于超标状态，超标倍数均为 0.05；可吸入颗粒物虽然同比下降 4.5%，但是达州仍然超标，超标倍数为 0.05；2019 年酸雨频率下降 2.6 个百分点，酸雨城市比例下降 9.5 个百分点。污染不仅存在于空气中，近年来，随着工业化速度的加快，水体和土壤污染形势也很严峻。沱江、岷江流经成都、资阳、内江、自贡、泸州等四川工业发达的地区，其水质均遭受过重度污染，主要是因为企业偷排、超标排放废水。2019 年这些河流的支流水质也受到了轻度污染。

另外，根据《四川省土壤污染状况调查公报（2014年）》可知，四川省土壤环境状况总体不容乐观，部分地区土壤污染程度较重。全省土壤总的点位超标率为28.70%，其中轻微、轻度、中度和重度污染点位比例分别为22.6%、3.41%、1.59%和1.07%。一些典型污染点位主要集中在工业区、油气田、采矿区及周边地区，这些地区超标点位都在50%左右。

图3-8　2011—2017年四川省废弃物中二氧化硫与
氮氧化物排放量（单位%）

数据来源：历年《四川统计年鉴》。

3.2.2.2　供需结构不合理

四川省一直是"缺油"大省，石油资源非常匮乏，一直依赖外省调度，严重影响其经济的健康发展。四川省在全国也属于"贫煤"省份，煤炭储量占全国储量不到10%。虽然煤炭在四川省能源消费结构中占据着主要地位，但是就我国整个南方地区而言，四川省也属于煤炭资源不足的省份，其资源总量远远不及云南、贵州两省。并且四川省煤炭储量地域分布不均，近3/4分布在泸州和宜宾两市，占全省面积61.5%的凉山、阿坝、甘孜三州煤炭保有储量仅占7.6%，再加上资源勘查容易受技术、环境、开发强度等的影响，因此四川省煤炭产量较小，未来一段时间内还是会存在较大的供给缺口。丰富的天然气是四川省的优势资源，四川盆地常规天然气总资源量7.2万亿立方米，累计探明储量 3 万亿立方米，居全国第三位，产量居全国第二。尽管近年来天然气产量开始大幅上升，但是仅在四川省内就消耗了过半的产量，这说明天然气的资源优势并没有得到很好的利用。页岩气资源量 27.5 万亿立方米，可开采量 4.42 万亿立方米，分别占全国的 20.5％和 17.7％，均居全国第一位。但是目前四川省的页岩气并没有得到大规模开采，这主要是因为开采页岩气需要用到许多大型机械设备，而由于四川省地势复杂，导致这些设备只能进入一小部分，作业空间过小；并且在技术方面我国与发达国家存在较大差距；资源主要集中在人口高密度地区，也给开发带来了更大的挑战。在水电方面，四川省是西南地区水电开发的主力，也是我国"西电东送"重要的电力来源，但是近年来，在水电装机迅速增长和用电增速持续低迷的双重压力下，四川省已连续多年"弃水"，尤其汛期大量水电站弃水，导致清洁能源开发力度不够，甚至白白浪费。可见，"十三五"后期四川省的清洁能源消纳面临着巨大压力。

"十三五"将带来工业化、城市化的高速发展，用电需求将越来越大。四川省是能源消费大省，随着绿色发展与能源体系改革的进行，其经济的高速发展将带来持续增加的能源需求，能源供需矛盾将日益突出，保障供需平衡的压力将持续增大。

3.2.2.3 利用效率低下

《四川省"十三五"能源发展规划》指出，四川省能源系统整体效率不高。因能源粗放式利用模式未得到根本转变，能源加工转换、储运和终端利用综合效率较低。电力统筹调度整体效率不高，电力运行峰谷差较大，电网所需备用容量较高；天然气储气调峰设施建设滞后，用气高峰、低谷时段不均衡，调峰压力较大；水电送出线路距离长、线损高、利用小时数低。

四川省能源资源丰富，但是人口数量大，人均资源在全国范围内处于较低水平。在省内，能源发展的地域区别非常大，一些农村和边远地区的能源使用条件比较落后，能源服务也不达标，直到 2015 年全省才全部结束了无电生活。但是四川省能源利用效率仍然偏低，水能资源开发程度较低，天然气与页岩气近几年开发力度加大，利用程度也逐渐升高，展现出巨大的发展潜力。鉴于四川省的能源结构还处于转型阶段，受到绿色发展理念的约束和地理环境的制约，其市场竞争能力稍显不足，能源利用效率很难在短时间内得到快速提升。因而四川省在大幅降低煤炭消费比重的同时，应力争提高天然气和非化石能源消费比重。另外，在水电装机集中投产和天然气开采产能不断增加的同时，清洁能源在一次能源消费结构和终端用能结构中所占的比重也有待提升。

3.2.2.4 清洁能源开发力度不够

从图 3-9 可以看出，天然气的消费量在 2011 年有所下降，随后又开始缓慢上升，且在 2011 年以后，清洁能源与天然气的消费量增速相近。总的来说，这两种能源的消费量增速缓慢，所占比例也偏低，其作为清洁能源的优势并未得到充分利用，因而存在较大的开发利用空间。四川省水电资源非常丰富，可开发资源总量占全国第一，但是由于生态环境的约束，其水力资源没有得到应有的开发，且综合开发利用程度仍然偏低，目前的水能开发量仅占水能资源技术可开发量的 10% 左右，窝电和缺电并存的现象时常发生，地方资源优势不能有效转化为经济优势，不能有力支持地方经济发展。四川省是我国页岩气资源最为丰富的省份，其页岩气资源储量约为 27.5 万亿立方米，占全国的 21%；可采资源量达 4.42 万亿立方米，占全国的 18%，资源量和可采资源量均居全国第一。虽然我国在页岩气的勘探和利用方面取得了重大进步，但是由于技术与环境的限制，目前四川省乃至全国也没有实现页岩气的大规模开采。

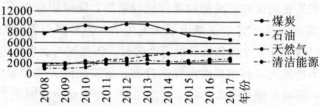

图3-9　2008—2017年四川省能源消费量（单位：万吨）

数据来源：历年《四川统计年鉴》。

3.2.2.5　体制机制存在缺陷

　　能源体系的改革离不开政策体制的支持，虽然四川省已经出台了相关法律政策，但是随着能源利用的快速发展，法律法规和管理、碳排放量、污染标准、监测等方面政策的制定也应与时俱进，要随着新形势做一些适时的改变。比如成都市已经制定出台了一系列清洁能源建设规划，决定对各种有利于绿色发展的专用炉具等设施给予财政补贴，但是从目前来看，这些支持政策仍然有以下不足：补贴局限性大，没有辅助的税收优惠；不同的领域需要不同的政策，政策补贴对象过于系统化，没有针对性；补贴力度不大，与全国其他城市相比有明显差距；缺乏对清洁能源的补助，只明确了对煤炭、天然气的补贴政策，对清洁能源如太阳能、风能、沼气等的补贴政策并未提及。这些不足都将制约四川省能源体系的转型。

第4章 四川省绿色发展与能源发展实证分析

为了增强研究的说服力、丰富研究内容，本章首先对四川省能源消费总量和能源消费结构进行实证预测分析，然后对能源消费碳排放量进行预测分析。实证分析不仅能为后文分析未来四川省能源体系建设与绿色发展情况提供有力的实证基础，还能为后续的政策建议提供数据支撑。

本章根据四川省1998年至2018年的能源消费历史数据，借助时间序列模型（ARIMA模型）预测2020年至2033年四川省能源消费总量；借助马尔可夫模型预测分析按照既定规律发展的四川省能源消费结构；然后根据IPCC提供的二氧化碳测算方法，计算相同预测时期内按照当前既定规律发展的四川省能源消费碳排放情况，并以该排放情况为四川省构建绿色能源体系的衡量标准，预测"2030年前实现碳达峰""2060年前实现碳中和"大背景下四川省未来绿色能源体系构建情况。（注：为便于进行实证分析，本章选取统计年鉴中的等价值数据来进行能源消费总量及结构的分析和预测。）

4.1 基于ARIMA模型的四川省能源消费总量实证预测分析

本部分欲拟合ARIMA模型对四川省能源消费总量数据进行

实证研究与预测，实证的观测样本指标为四川省年度能源消费总量 *TEC*，以万吨标准煤为计量单位，样本数据为 1981 年到 2018 年的连续年度数据，共有 38 个样本数据，来源于四川省统计局网站及其历年统计年鉴。在进行实证之前，为减少异方差波动，首先对样本数据做取对数处理，得到变量 ln*TEC*。

具体实证步骤如下：首先从定性和定量两个角度对四川省能源消费总量的对数形式 ln*TEC* 做平稳性检验，证得变量 ln*TEC* 为一阶单整，并记其一阶差分序列为 *D*ln*TEC*；其次对平稳序列 *D*ln*TEC* 做自相关和偏相关的相关性识别，并根据识别结果初步判断 ARIMA 模型的阶数；再次尝试拟合多个 ARIMA 模型，在系数显著性检验及模型所得残差序列通过白噪声检验的基础上选出适宜的 ARIMA 模型，并根据信息准则确认样本数据的最优 ARIMA 模型；最后基于 ARIMA 公式对四川省能源消费总量 *TEC* 做误差分析和短期趋势预测。

4.1.1　数据基础分析

4.1.1.1　描述性统计分析

图 4-1 描述了近四十年来四川省的能源消费总量走势。由图所示，1981 年到 2018 年四川省能源消费整体保持持续增长，由 1981 年的最低值 2803.5 万吨标准煤上升至 2018 年的 19916.2 万吨标准煤，其间消费总量最高值为 2017 年的 20874 万吨标准煤，最大值与最小值存在较大差异。具体来看，1981 年至 1999 年消费量的整体波动幅度较小，而后随着省份经济迅速发展，能耗总量呈大幅上涨趋势。从图中四川省的能耗时序走势可以看到，在省份经济迅速发展的背景下，能源需求持续增长，省份内能耗总量整体呈显著增长趋势，2012 年以后四川省能源消费总量呈小幅波动趋势，整体较为稳定。

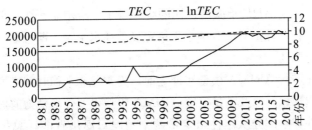

图 4-1 四川省能源消耗总量走势（单位：万吨标准煤）

数据来源：历年《四川统计年鉴》。

表 4-1 列举了变量 *TEC* 和 ln*TEC* 的描述性统计数据，与图 4-1 的整体走势分析一致。从表中可以看到，样本期内 *TEC* 均值为 10161.25，并且均值和最值差距大，样本间差异较小，整体波动幅度取较大值，标准差值为 6184.867，波动较大，做对数处理后得到的变量 ln*TEC* 波动显著减小，标准差数值为 0.6353。

表 4-1 变量 *TEC* 和 ln*TEC* 基本描述性统计

变量	均值	中位数	最大值	最小值	标准差	峰度	JB统计量	JB. Prob
TEC	10161.25	6780	20874	2803.5	6184.867	1.7424	4.5133	0.1047
ln*TEC*	9.0365	8.8217	9.9463	7.9386	0.6353	1.7701	2.4001	0.3012

另外，两序列的峰度值均小于正态分布标准值，JB 统计量值小于 5% 显著性水平下的临界值，并且伴随概率值显著大于 0.05，因而证得序列 *TEC* 和 ln*TEC* 整体分布均接受正态分布的原假设，呈正态分布特征。

4.1.1.2 平稳性检验

根据相关理论发展，从定义角度，序列平稳是指该时间序列剔除了不变的均值和时间趋势以后，剩余的序列满足零均值和同方差的特征，具体从定量 *ADF* 单位根检验角度，给定 5% 显著性水平，当 ADF 检验所返回的统计量小于给定显著性水平的临界值，且统计量对应概率小于给定显著性水平时，即可证得序列为平稳序列。

在进行 ARIMA 模型实证之前，为避免非平稳时间序列产生伪回归现象，以及满足后续 ARIMA 模型以差分平稳为前提的建模条件，本部分从定性与定量两个角度对四川省能耗总量序列 $\ln TEC$ 分别做平稳性检验。首先根据图 4-1 可知，样本期内序列 $\ln TEC$ 呈现出较为显著的上升趋势，因此违背了平稳序列的定义，初步判断变量 $\ln TEC$ 并不平稳。

然后从定量角度对四川省能耗总量序列 $\ln TEC$ 做 ADF 单位根检验。首先对变量 $\ln TEC$ 做"仅截距、含截距和趋势、无截距和趋势"三种模式下的单位根检验。根据表 4-2 的检验结果，给定 5% 的显著性水平，原序列三种检验模式返回的 t 统计量伴随概率均大于 0.05，接受存在单位根的原假设，因此证得四川省能耗总量 $\ln TEC$ 原序列为不平稳序列。其次对 $\ln TEC$ 一阶差分序列 $D\ln TEC$ 做三种模式下的 ADF 单位根检验。根据表 4-3 检验结果，给定 5% 的显著性水平，三种检验模式返回的 t 统计量伴随概率均小于 0.05，故拒绝存在单位根的原假设，证得变量 $D\ln TEC$ 平稳，即变量 $\ln TEC$ 也为一阶单整变量。因此对一阶差分后的序列 $D\ln TEC$ 构建 ARIMA 模型就相当于对原序列 $\ln TEC$ 构建 ARIMA 模型，此时 ARIMA 模型中差分滞后阶数 D 为 1（表 4-3）。

表 4-2　**ln*TEC* 原序列单位根检验结果**

模式			t-statistic	Prob. *
仅截距	ADF 值	—	−1.186014	0.6702
	各临界值	1% level	−3.621023	0
		5% level	−2.943427	0
		10% level	−2.610263	0
截距和趋势项	ADF 值	—	−3.022113	0.1401
	各临界值	1% level	−4.226815	0
		5% level	−3.536601	0
		10% level	−3.20032	0
		@TREND（"1981"）	2.767461	0.0091
无	ADF 值	—	1.817319	0.9815
	各临界值	1% level	−2.628961	0
		5% level	−1.950117	0
		10% level	−1.611339	0

表 4-3　**Dln*TEC* 序列单位根检验结果**

模式			t-statistic	Prob. *
仅截距	ADF 值	—	−7.245112	0
	各临界值	1% level	−3.626784	
		5% level	−2.945842	
		10% level	−2.611531	
截距和趋势项	ADF 值	—	−7.187735	0
	各临界值	1% level	−4.234972	0
		5% level	−3.540328	0
		10% level	−3.202445	0
		@TREND（"1981"）	−0.553947	0.5833

续表4-3

模式			t−statistic	Prob. *
无	ADF 值	—	−6.529657	0
	各临界值	1% level	−2.630762	0
		5% level	−1.950394	0
		10% level	−1.611202	0

4.1.2 模型识别

本节主要研究序列 ln*TEC* 进行模型识别。理论上，经济时间序列往往存在自相关性，前期价格走势或变化趋势会影响当前价格状态，因此观测序列在很大程度上是非独立的。现对序列做自相关性和偏相关性识别分析。在拟合序列 *D*ln*TEC* 的均值方程模型之前，本节先对序列 *D*ln*TEC* 做自相关性和偏相关性识别分析（图 4－2），以进一步判断序列基本特征以及辅助 ARIMA 模型定阶。

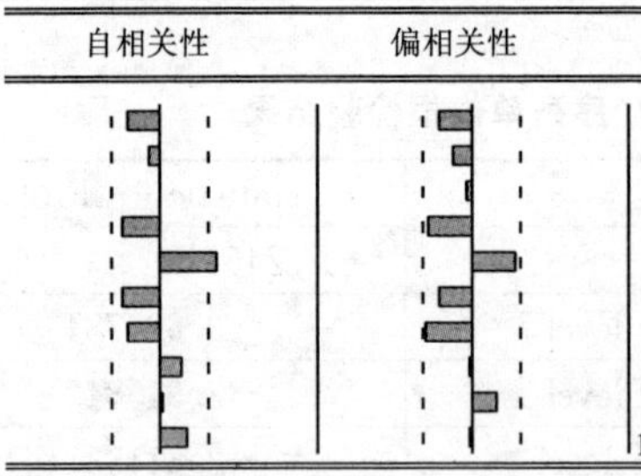

	AC	*PAC*	*Q-Stat*	*Prob*
1	−0.21...	−0.21...	1.8603	0.173
2	−0.006...	−0.12...	2.0486	0.359
3	0.002	−0.04...	2.0491	0.562
4	−0.25...	−0.28...	4.8505	0.303
5	0.378	0.283	11.307	0.046
6	−0.25...	−0.22...	14.356	0.026
7	−0.22...	−0.30...	16.680	0.020
8	0.154	−0.01...	17.859	0.022
9	0.018	0.162	17.876	0.037
1...	0.184	−0.02...	19.693	0.032

图 4－2　*DlnTEC* 序列自相关和偏相关性识别

根据图 4－2 的自相关性和偏相关性识别结果，给定 5%的显著性水平，当滞后阶数大于 4 时，序列的 *Q* 统计量的对应概率基本小于 0.05，因此序列拒绝不存在自相关性的原假设，也即证得序列 *D*ln*TEC* 存在高阶自相关性，表明四川省能耗总量变化率过去的走势会影响当期和未来的走势，满足构建 ARIMA 模型的假设前提。

另外，自相关函数测量的是序列自身在不同时点上的互相关性，而偏相关函数是在控制其他影响变量的前提下研究两变量之间的线性相关性。自相关和偏相关的走势图有助于帮助后续原序列的 ARIMA 定阶：理论上自相关呈现拖尾现象而偏相关呈现截尾现象，适合建立 AR 模型；自相关呈现截尾现象而偏相关呈现拖尾现象，适合建立 MA 模型；而自相关和偏相关都呈现拖尾现象，后续适合构建 ARIMA 模型。根据对 $DlnTEC$ 序列和 ACF 值的观察和判断，自相关和偏相关系数走势均未呈现显著的拖尾或截尾特征，故无法对样本序列做具体辅助定阶。因此下面拟将基于图 4-2 的偏相关和自相关系数值多次尝试构建 ARIMA 模型，并从显著性水平和模型检验和残差是否通过显著性水平检验两方面筛选出最为合适的 ARIMA 模型。

4.1.3 模型拟合

根据上述实证结果，总体来说近年来四川省煤炭消费量呈现较长时期的较快下降趋势；石油消费量呈现较为平稳的上升趋势；天然气消费量呈现较强的持续性增长趋势，且四川省资源禀赋优势明显，天然气发展潜能值得肯定；以水电为主的其他非化石能源尤其是新能源的消费量也随着能源开发技术的进步和市场供给的增长而呈现出较为强劲的快速增长趋势。

从各模型回归结果参数通过显著性水平下的 t 统计量检验（参数对应概率均小于给定显著性水平）以及残差序列 Q 统计量（对应概率全部大于 0.05）通过检验两方面进行筛选，最终选出的适用模型有 ARIMA（5，1，0）、ARIMA（0，1，5）和 ARIMA（7，1，5）。上述三个模型回归参数通过显著性水平检验后，表明模型回归结果显著；对三个模型残差进行再次识别，其残差序列 Q 统计量的伴随概率值均远大于 0.05，因此上述模型均通过识别检验，表明上述三个模型残差序列已为白噪声序列（图 4-3）。此时残差项有用信息均已提取完毕，也即表明三个模型对样本期内四川省能源消耗总量数据均有着较好的识别和预测效果。经整理，两模型回归结果如表 4-4 所示。

表 4-4　均值方程回归结果

模型	变量	参数	标准差	t 统计量	AIC 值
ARIMA (5, 1, 0)	C	0.056427	0.043031	1.311299	−0.801669
	AR (5)	0.466408***	0.155993	2.989925	—
ARIMA (0, 1, 5)	C	0.056479	0.034311	1.646079	−0.763705
	MA (5)	0.354284**	0.165162	2.145064	—
ARIMA (7, 1, 5)	C	0.05722**	0.026608	2.150463	−0.758821
	AR (7)	−0.317777*	0.167316	−1.899266	—
	MA (5)	0.348358**	0.169721	2.05253	

注：*** 代表通过 1% 显著性水平检验，** 代表通过 5% 显著性水平检验，* 代表通过 10% 显著性水平检验。

信息准则一般用于比较模型拟合优度，常用的信息准则包括 AIC、BIC 等。AIC 准则即赤池信息量准则，其数理表达式为 $AIC = -2\ln(L) + 2k$，其中 L 是最大似然值，k 代表模型变量的个数。AIC 值越小代表似然函数值越大，因此优先考虑 AIC 值最小的模型。本节最后根据最小 AIC 准则，确认拟合四川省能源消耗总量变动序列 $D\ln TEC$ 的 ARIMA (5, 1, 0) 模型，根据回归结果，其具体表达式为：

$$D\ln TEC_t = 0.0564 + 0.4664 \times D\ln TEC_{t-5} + \varepsilon_t$$

自相关性	偏相关性		AC	PAC	Q-Stat	Prob
		1	−0.036	−0.036	0.0506	
		2	0.023	0.022	0.0730	0.787
		3	−0.031	−0.029	0.1127	0.945
		4	−0.257	−0.260	3.0035	0.391
		5	−0.100	−0.127	3.4523	0.485
		6	−0.157	−0.174	4.6069	0.466
		7	−0.231	−0.305	7.1819	0.304
		8	0.264	0.156	10.638	0.155
		9	0.179	0.169	12.295	0.139
		10	0.081	−0.011	12.642	0.179
		11	−0.053	−0.234	12.800	0.235
		12	−0.017	−0.009	12.817	0.305
		13	−0.154	−0.141	14.248	0.285
		14	−0.099	−0.120	14.857	0.316
		15	−0.170	−0.097	16.744	0.270

图 4−3　ARIMA（5，1，0）模型残差通过白噪声检验

4.1.4　模型误差检验及趋势预测

本节在使用 ARIMA（5，1，0）模型预测未来短期内四川省能耗总量数值前，首先对 ARIMA 模型做预测误差分析，以检验模型对样本期内数据预测的准确性。根据图 4−4 所示的模型预测拟合图来看，拟合曲线与实际能耗变化率走势整体相似，除前期个别值外，整体误差均取较小值。另外以 2015 年的数据为原点，利用模型 ARIMA（5，1，0）做 2016 年、2017 年、2018 年的四川省能源消耗总量静态预测，并与实际数值做误差比较。通过对比表 4−5 中的模型预测结果可知，这三年的 lnTEC 预测数据的相对误差率绝对值均在 1% 以内，因此证得 ARIMA（5，1，0）模型对样本期内数据有着较好的识别和预测能力。

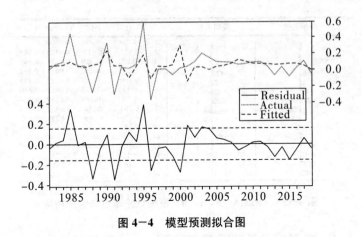

图 4-4　模型预测拟合图

表 4-5　ARIMA（5，1，0）模型预测误差

年份	lnTEC 实际值	ARIMA 预测值	绝对误差	相对误差
2016	9.839258317	9.889918829	0.0507	0.5149%
2017	9.946259644	9.940391528	−0.0059	−0.0590%
2018	9.89928875	9.938531889	0.0392	0.3964%

　　根据上文对 ARIMA（5，1，0）模型拟合走势与误差检验的分析结果，证得 ARIMA（5，1，0）模型能够有效地预测和识别样本期内的四川省能耗总量数值。现以 2018 年四川省能耗总量数据为原点，利用模型 ARIMA（5，1，0）对四川省能耗总量数据做 2019 年至 2033 年（共计 15 年）的预测，得到四川省能耗总量 lnTEC 及 TEC 的预测数值，分别如表 4-6、图 4-5所示。

表 4-6　2019—2033 年四川省能源消耗总量预测

年份	lnTEC	TEC（万吨标准煤）
2019	9.945308436926456	20854.15394

年份	lnTEC	TEC（万吨标准煤）
2020	9.936986048198994	20681.31776
2021	9.978406291418657	21555.93129
2022	10.058421363540640	23351.61355
2023	10.066622510179420	23543.91101
2024	10.118195237782090	24789.99040
2025	10.144422368976090	25448.76181
2026	10.193849877749810	26738.23594
2027	10.261278335972910	28603.32749
2028	10.295212181597630	29590.60471
2029	10.349374893593180	31237.50995
2030	10.391716208456190	32588.54771
2031	10.444878372533900	34367.90359
2032	10.506436329268160	36549.99503
2033	10.552372119889550	38268.10727

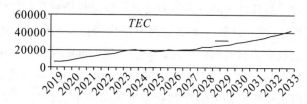

图 4—5　2019—2033 年四川省能源消耗总量预测（单位：万吨标准煤）

4.2 基于马尔可夫模型的四川省能源消费结构实证预测分析

IPCC 能源表观消费量测算方法为 $C_i = \sum_{i=1}^{3} \frac{44 E_i q_i}{12}$，表明化石能源碳排放系数和消费量的多少将决定二氧化碳排放水平的高低。因此，在消费总量一定的情况下，对未来四川省二氧化碳排放量的预测还需了解未来四川省的能源消费结构。本研究利用马尔可夫预测模型对既定情景下四川省未来 14 年的能源消费结构进行预测，能源消费结构的变化具有自身的规律性和随机性，此变化是符合马尔可夫链特点的。

4.2.1 马尔可夫模型基本原理

马尔可夫模型是由马尔可夫提出的概率模型。在《大数定律关于相依变量的扩展》一文中，他首次提到随机变量序列，即被后人称作马尔可夫链的著名概率模型。该模型是数学中具有马尔可夫性质的离散时间随机过程，在该过程中系统未来的状态仅和现状有关，与其过去的状态没有关系，这一性质被称作随机系统的"无后效性"。这种"无后效性"的优势使得马尔可夫能够免于当时的数据非时效性，进而影响到预测的准确性特点。因此马乐尔可夫模型主要应用于随机预测的变化规律，是利用其中的一种变量现状和变化趋势的变动状态来预测未来状态的一种技术。其原理可表达为：$P\{X_{n+1}=j \mid X_n=i, X_{n-1}=i_{n-1}, \cdots, X_0=i_0\} = P\{X_{n+1}=j \mid X_n=i\} = P_{ij}$。其中，条件概率 P_{ij} 表示的是从状态 i 变化到状态 j 的转移概率。若在事物发展的一次转移过程中，转移概率是与 n 无关的常数，表现为 $P\{X_{n+1}=j \mid X_n=i\} = P\{X_1=j \mid X_0=i\} = \boldsymbol{P}_{ij}$，则称 $\langle X_n \rangle$ 为时齐的马尔可夫链，矩阵 $\boldsymbol{P}_{ij}$ 为 $\{X_n\}$ 的一步转移概率矩阵，简称转移矩阵。具体表现形式如下：

$$\boldsymbol{P}_{ij} = \begin{bmatrix} \boldsymbol{p}_{11} & \boldsymbol{p}_{12} & \boldsymbol{p}_{13} & \boldsymbol{p}_{14} \\ \boldsymbol{p}_{21} & \boldsymbol{p}_{22} & \boldsymbol{p}_{23} & \boldsymbol{p}_{24} \\ \boldsymbol{p}_{31} & \boldsymbol{p}_{32} & \boldsymbol{p}_{33} & \boldsymbol{p}_{34} \\ \boldsymbol{p}_{41} & \boldsymbol{p}_{42} & \boldsymbol{p}_{43} & \boldsymbol{p}_{44} \end{bmatrix}$$

其中，主对角线上的概率元素为各研究对象的保留概率，代表研究对象在下一期保持原有份额的概率。主对角线以外的其他概率元素为转移概率，代表研究对象在下一期转变为其他对象或吸收其他对象的概率，且在该矩阵中，$\boldsymbol{p}_i(n) \geqslant 0$，$\sum \boldsymbol{p}_i(n) = 1$。若从初始时刻到 n 时刻，一步转移矩阵分别表示为 $\boldsymbol{p}_1$，$\boldsymbol{p}_2$，$\cdots$，$\boldsymbol{p}_n$，则通过几何平均法可求得平均转移矩阵，表示为 $\boldsymbol{p}_a = (\boldsymbol{p}_1 + \boldsymbol{p}_2 + \cdots + \boldsymbol{p}_n)^{\frac{1}{n}}$。

本研究在此基础上，引入了齐次马尔可夫链的切普曼-柯尔莫哥洛夫方程（C-K方程）的矩阵形式（$\boldsymbol{p}^{(m+n)} = \boldsymbol{p}^{(m)} \times \boldsymbol{p}^{(n)}$），通过确定能源消费结构初始状态（$\boldsymbol{U}_{(n)}$）和平均转移矩阵（$\boldsymbol{p}_a$），预测未来四川省 $n+m$ 时刻的能源消费结构 $U_{(n+m)}$，表达式为：$\boldsymbol{U}_{(n+m)} = \boldsymbol{U}_{(n)} \times \boldsymbol{p}_a{}^m$。

4.2.2 马尔可夫模型的构建

4.2.2.1 模型假设

本章研究的随机系统具体到了能源消费系统（煤炭、石油、天然气、其他），能源的消费结构是指某种能源的消费量在能源消费总量中所占的比重。虽然能源消费结构的改变受到市场供求关系、国家政治、能源技术和政策等随机因素的影响，但是在一定时期内这些随机因素都相对稳定，且最终的选择主体是该经济活动中的所有消费者和生产者，他们根据这些影响因素选择 n 时刻最适合自己的能源进行消费，被选择利用机会越多的能源，其消费量也越多，进而该种能源在能源消费总量中所占的比重就越大，最终经过消费者与生产者的选择性消费后就会形成 n 时刻的能源消费结构。当在 $n+1$ 时刻能源消费结构演变的主要影响因素发生改变时，消费者和生产者的选择行为也会相应地发生变化，同时，这个过程中就有消费者和生产者从消费一种能源向消费另一种能源转移的可能性，这个可能性的大小就是转移概率，煤炭、石油、天然气和其他能源之间相互转移的概率构成了转移概率矩阵。

设 $\boldsymbol{U}_{(n)}$ 代表 n 时刻能源消费结构的状态向量，表示为 $\boldsymbol{U}_{(n)} = \{U_{c(n)}, U_{o(n)}, U_{g(n)}, U_{e(n)}\}$ 其中 U_i $(i=c, o, g, e)$ 分别代表煤炭、石油、天然气以及其他能源在能源消费总量中所占的比例。其一步转移概率矩阵可进一步表达为：

$$\boldsymbol{P}(n) = \boldsymbol{P}_{ij} = \begin{bmatrix} p_{c \to c}(n) & p_{c \to o}(n) & p_{c \to g}(n) & p_{c \to e}(n) \\ p_{o \to c}(n) & p_{o \to o}(n) & p_{o \to g}(n) & p_{o \to e}(n) \\ p_{g \to c}(n) & p_{g \to o}(n) & p_{g \to g}(n) & p_{g \to e}(n) \\ p_{e \to c}(n) & p_{e \to o}(n) & p_{e \to g}(n) & p_{e \to e}(n) \end{bmatrix}$$

其中，保留概率为主对角线上的元素概率，即 $p_{c \to c}$，$p_{o \to o}$，$p_{g \to g}$，$p_{e \to e}$，表示各类能源维持不变的概率；主对角线以外的行元素为转移概率，表示各类能源向其他能源转移的概率；主对角线以外的列概率为吸收概率，表示各类能源接受其他能源转移的概率，且在该矩阵中 $p_i(n) \geqslant 0$，$\sum p_i(n) = 1$。另外，能源结构的转移遵循以下原则：所有能源结构中占比减少的能源均向占比增加的能源转移，所有能源结构中占比增加的能源不向任何能源转移，所有能源结构中能源占比下降的能源之间不相互转移。

4.2.2.2　平均转移矩阵的计算

本章采用四川省 2005—2019 年的能源消费结构历史数据来计算转移矩阵（表 4 - 7），为后续利用 MATLAB 软件预测 2020—2033 年的能源消费结构做准备。对一步转移矩阵的计算具体以煤炭为例（其他能源以此类推）。

表 4—7 2005—2019 年四川省一次能源消费结构（单位：%）

年份	2005	2006	2007	2008	2009	2010	2011	2012	2013	2014	2015	2016	2017	2018	2019
煤炭	52.38	51.16	52.22	51.04	53.10	51.79	44.63	46.9	46.8	42.8	37.9	34.1	32.3	29.5	28.3
石油	8.32	9.35	9.96	10.90	11.68	12.18	13.38	13.8	18.1	19.8	21.9	22.2	22.3	18.5	18.7
天然气	10.08	10.86	10.49	9.57	10.35	13.03	10.46	9.9	10.3	11.1	11.4	11.9	12.7	15.8	16.3
其他	29.22	28.63	27.33	28.49	24.86	23.00	31.53	29.4	24.8	26.3	28.8	31.8	32.7	36.2	36.7

数据来源：历年《四川统计年鉴》。

计算保留概率 $P_{c \to c}(m)$ 时，当能源结构从 m 时期转移到 $m+1$ 时期，保留概率等于 $m+1$ 时期煤炭消费占比除 m 时期煤炭消费占比。如果煤炭消费比例增加或不变，其保留概率为 1，表明下一时期煤炭消费不会向任何能源消费转移，在转移矩阵中表现为同行其他元素都等于 0，即 $P_{c \to o}(m)=0$，$P_{c \to g}(m)=0$，$P_{c \to e}(m)=0$。如果煤炭消费的保留概率小于 1，表明下一时期没有其他能源消费向煤炭转移，在转移矩阵中表现为同列其他元素都等于 0，即 $P_{o \to c}(m)=0$，$P_{g \to c}(m)=0$，$P_{e \to c}(m)=0$。煤炭消费转向其他类能源消费的转移概率如下：

煤炭转向石油的概率：

$$P_{c \to o}(m)=\frac{[1-P_{c-c}(m)] \times [U_o(m+1) - U_o(m)]}{[U_o(m+1) - U_o(m)] + [U_g(m+1) - U_g(m)] + [U_e(m+1) - U_e(m)]}$$

煤炭转向天然气的概率：

$$P_{c \to g}(m)=\frac{[1-P_{c-c}(m)] \times [U_g(m+1) - U_g(m)]}{[U_o(m+1) - U_o(m)] + [U_g(m+1) - U_g(m)] + [U_e(m+1) - U_e(m)]}$$

煤炭转向其他能源的概率：

$$P_{c \to e}(m)=\frac{[1-P_{c-c}(m)] \times [U_e(m+1) - U_e(m)]}{[U_o(m+1) - U_o(m)] + [U_g(m+1) - U_g(m)] + [U_e(m+1) - U_e(m)]}$$

以此类推，可以分别得出煤炭从一年到另一年的转移矩阵（石油、天然气、其他能源可以类推），经计算得出的 2005—2019 年四川省各个年度的能源转移矩阵如下所示：

$$\boldsymbol{P}_1 = \boldsymbol{P}_{2005—2006} = \begin{bmatrix} & 煤炭 & 石油 & 天然气 & 其他 \\ 煤炭 & 0.9767 & 0.0133 & 0.0100 & 0 \\ 石油 & 0 & 1 & 0 & 0 \\ 天然气 & 0 & 0 & 1 & 0 \\ 其他 & 0 & 0.0115 & 0.0087 & 0.9798 \end{bmatrix}$$

$$\mathbf{P}_2 = \mathbf{P}_{2006-2007} = \begin{array}{c} \\ \text{煤炭} \\ \text{石油} \\ \text{天然气} \\ \text{其他} \end{array} \begin{array}{cccc} \text{煤炭} & \text{石油} & \text{天然气} & \text{其他} \\ 1 & 0 & 0 & 0 \\ 0 & 1 & 0 & 0 \\ 0.0216 & 0.0125 & 0.9659 & 0 \\ 0.0288 & 0.0166 & 0 & 0.9546 \end{array}$$

$$\mathbf{P}_3 = \mathbf{P}_{2007-2008} = \begin{array}{c} \\ \text{煤炭} \\ \text{石油} \\ \text{天然气} \\ \text{其他} \end{array} \begin{array}{cccc} \text{煤炭} & \text{石油} & \text{天然气} & \text{其他} \\ 0.9774 & 0.0101 & 0 & 0.0125 \\ 0 & 1 & 0 & 0 \\ 0 & 0.0393 & 0.9123 & 0.0484 \\ 0 & 0 & 0 & 1 \end{array}$$

$$\mathbf{P}_4 = \mathbf{P}_{2008-2009} = \begin{array}{c} \\ \text{煤炭} \\ \text{石油} \\ \text{天然气} \\ \text{其他} \end{array} \begin{array}{cccc} \text{煤炭} & \text{石油} & \text{天然气} & \text{其他} \\ 1 & 0 & 0 & 0 \\ 0 & 1 & 0 & 0 \\ 0 & 0 & 1 & 0 \\ 0.0726 & 0.0275 & 0.0275 & 0.8725 \end{array}$$

$$\mathbf{P}_5 = \mathbf{P}_{2009-2010} = \begin{array}{c} \\ \text{煤炭} \\ \text{石油} \\ \text{天然气} \\ \text{其他} \end{array} \begin{array}{cccc} \text{煤炭} & \text{石油} & \text{天然气} & \text{其他} \\ 0.9753 & 0.0039 & 0.0208 & 0 \\ 0 & 1 & 0 & 0 \\ 0 & 0 & 1 & 0 \\ 0 & 0.0118 & 0.0630 & 0.9252 \end{array}$$

$$\mathbf{P}_6 = \mathbf{P}_{2010-2011} = \begin{array}{c} \\ \text{煤炭} \\ \text{石油} \\ \text{天然气} \\ \text{其他} \end{array} \begin{array}{cccc} \text{煤炭} & \text{石油} & \text{天然气} & \text{其他} \\ 0.8617 & 0.0171 & 0 & 0.1212 \\ 0 & 1 & 0 & 0 \\ 0 & 0.0243 & 0.8028 & 0.1729 \\ 0 & 0 & 0 & 1 \end{array}$$

$$\boldsymbol{P}_7 = \boldsymbol{P}_{2011-2012} = \begin{array}{c} \\ 煤炭 \\ 石油 \\ 天然气 \\ 其他 \end{array} \begin{bmatrix} 煤炭 & 石油 & 天然气 & 其他 \\ 1 & 0 & 0 & 0 \\ 0 & 1 & 0 & 0 \\ 0.0451 & 0.0084 & 0.9465 & 0 \\ 0.057 & 0.0106 & 0 & 0.9324 \end{bmatrix}$$

$$\boldsymbol{P}_8 = \boldsymbol{P}_{2012-2013} = \begin{array}{c} \\ 煤炭 \\ 石油 \\ 天然气 \\ 其他 \end{array} \begin{bmatrix} 煤炭 & 石油 & 天然气 & 其他 \\ 0.9979 & 0.0019 & 0.0002 & 0 \\ 0 & 1 & 0 & 0 \\ 0 & 0 & 1 & 0 \\ 0 & 0.1432 & 0.0133 & 0.8435 \end{bmatrix}$$

$$\boldsymbol{P}_9 = \boldsymbol{P}_{2013-2014} = \begin{array}{c} \\ 煤炭 \\ 石油 \\ 天然气 \\ 其他 \end{array} \begin{bmatrix} 煤炭 & 石油 & 天然气 & 其他 \\ 0.9145 & 0.0363 & 0.0171 & 0.0321 \\ 0 & 1 & 0 & 0 \\ 0 & 0 & 1 & 0 \\ 0 & 0 & 0 & 1 \end{bmatrix}$$

$$\boldsymbol{P}_{10} = \boldsymbol{P}_{2014-2015} = \begin{array}{c} \\ 煤炭 \\ 石油 \\ 天然气 \\ 其他 \end{array} \begin{bmatrix} 煤炭 & 石油 & 天然气 & 其他 \\ 0.8855 & 0.0491 & 0.0070 & 0.0584 \\ 0 & 1 & 0 & 0 \\ 0 & 0 & 1 & 0 \\ 0 & 0 & 0 & 1 \end{bmatrix}$$

$$\boldsymbol{P}_{11} = \boldsymbol{P}_{2015-2016} = \begin{array}{c} \\ 煤炭 \\ 石油 \\ 天然气 \\ 其他 \end{array} \begin{bmatrix} 煤炭 & 石油 & 天然气 & 其他 \\ 0.8997 & 0.0079 & 0.0132 & 0.0792 \\ 0 & 1 & 0 & 0 \\ 0 & 0 & 1 & 0 \\ 0 & 0 & 0 & 1 \end{bmatrix}$$

$$\boldsymbol{P}_{12} = \boldsymbol{P}_{2016-2017} = \begin{array}{c} \\ \text{煤炭} \\ \text{石油} \\ \text{天然气} \\ \text{其他} \end{array} \begin{array}{cccc} \text{煤炭} & \text{石油} & \text{天然气} & \text{其他} \\ 0.9472 & 0.0029 & 0.0235 & 0.0264 \\ 0 & 1 & 0 & 0 \\ 0 & 0 & 1 & 0 \\ 0 & 0 & 0 & 1 \end{array}$$

$$\boldsymbol{P}_{13} = \boldsymbol{P}_{2017-2018} = \begin{array}{c} \\ \text{煤炭} \\ \text{石油} \\ \text{天然气} \\ \text{其他} \end{array} \begin{array}{cccc} \text{煤炭} & \text{石油} & \text{天然气} & \text{其他} \\ 0.9133 & 0 & 0.0407 & 0.4600 \\ 0 & 0.8296 & 0.0800 & 0.0904 \\ 0 & 0 & 1 & 0 \\ 0 & 0 & 0 & 1 \end{array}$$

$$\boldsymbol{P}_{14} = \boldsymbol{P}_{2018-2019} = \begin{array}{c} \\ \text{煤炭} \\ \text{石油} \\ \text{天然气} \\ \text{其他} \end{array} \begin{array}{cccc} \text{煤炭} & \text{石油} & \text{天然气} & \text{其他} \\ 0.9133 & 0.0085 & 0.0212 & 0.0212 \\ 0 & 1 & 0 & 0 \\ 0 & 0 & 1 & 0 \\ 0 & 0 & 0 & 1 \end{array}$$

根据上述公式可以计算出各年份的能源之间相互转移的一步转移矩阵及平均转移矩阵 $\boldsymbol{P}_a = (\boldsymbol{P}_1 + \boldsymbol{P}_2 + \cdots + \boldsymbol{P}_n)^{\frac{1}{n}}$，通过 MATLAB 软件可以计算出 2005—2019 年的平均转移矩阵 $\boldsymbol{P}_a$，具体为：

$$\boldsymbol{P}_a = \begin{array}{c} \\ \text{煤炭} \\ \text{石油} \\ \text{天然气} \\ \text{其他} \end{array} \begin{array}{cccc} \text{煤炭} & \text{石油} & \text{天然气} & \text{其他} \\ 0.9432 & 0.0133 & 0.0033 & 0.0402 \\ 0 & 0.9878 & 0.0057 & 0.0065 \\ 0.0048 & 0.0160 & 0.9734 & 0.0058 \\ 0.0113 & 0.0162 & 0.0080 & 0.9649 \end{array}$$

能源消费一步转移矩阵表明：2005—2019 年四川省煤炭消费保留概率除少数年份（$\boldsymbol{P}_2$，$\boldsymbol{P}_4$，$\boldsymbol{P}_7$）外皆小于 1（消费份额转移），因此可以预判未来四川省煤炭消费份额将处于下降态势，其煤炭消费逐步向其他能源消费转移；2005—2019 年四川省石油消费保留概率除唯一年份（P_{13}）小于 1 外，其他年份皆等于 1（消费份额保留），因此可以预判未来四川省石油消费份额将处于上升态势，四川省其他能源消费将向石油消费转移；2005—2019 年四川省天然气消费和其他清洁能源消费保留概率在前些年间小于 1（消费份额转移），在后些年间等于 1（消费份额保留），这或与国家及四川省低碳经济政策的颁布与执行相关，此背景下四川省生产生活活动的能源消费更倾向于天然气、水电、太阳能等更为清洁的绿色能源，因此可以预判，随着国家及省政府节能减排绿色经济政策的进一步推进，未来四川省天然气及其他清洁能源消费份额将处于上升态势。

能源消费平均转移矩阵表明：2005—2019 年四川省各类能源消费份额存在相互转移现象，整体来看，煤炭消费份额向外转移倾向最明显，石油消费保留概率和吸收概率总份额最高，其他清洁能源消费保留概率和吸收概率总份额次之，天然气消费保留概率和吸收概率总份额第三。能源消费平均转移矩阵可在一定程度上描述未来四川省能源消费的发展方向。

4.2.3　四川省能源消费结构预测

本节根据 C—K 方程的矩阵形式 $U_{(n+m)} = U_{(n)} \times P_a^m$，通过确定能源消费结构初始状态 $U_{(0)} = U_{(2019)} = （28.3\%，18.7\%，16.3\%，36.7\%）$ 和平均转移矩阵 P_a，预测未来四川省 $n+m$ 时刻的能源消费结构 U_{n+m}，即 $U_{(2020)}$ 至 $U_{(2033)}$。通过 MATLAB 软件进行计算后的 2020—2033 年四川省能源消费结构数据如表 4—8 所示。

表 4—8　2020—2033 年四川省一次能源消费结构（单位：%）

年份	煤炭	石油	天然气	其他
2020	27.18	19.25	16.36	37.21

年份	煤炭	石油	天然气	其他
2021	26.12	19.81	16.41	37.66
2022	25.12	20.36	16.47	38.05
2023	24.18	20.92	16.52	38.38
2024	23.28	21.47	16.58	38.67
2025	22.43	22.02	16.63	38.92
2026	21.62	22.57	16.69	39.12
2027	20.86	23.11	16.74	39.29
2028	20.13	23.65	16.79	39.43
2029	19.44	24.19	16.84	39.54
2030	18.78	24.72	16.89	39.61
2031	18.16	25.25	16.93	39.66
2032	17.56	25.77	16.98	39.69
2033	16.99	26.28	17.02	39.71

数据来源：历年《四川统计年鉴》。

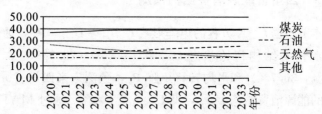

图4-6 四川省2020—2033年一次能源消费结构趋势图（单位：%）

数据来源：历年《四川统计年鉴》。

通过上述预测模型及图4-6可以看出：

（1）2020—2033年化石能源消费结构尽管有一定的内部调整，但仍然是四川省能源消费的主要对象，2033年化石能源消费占该年能源消费总量的60.3%，比$U_{(0)}=U_{(2019)}$仅减少3%。

(2) 2020—2033 年四川省煤炭消费逐年下降，比 $U_{(0)} = U_{(2019)}$ 减少 11.31%。

(3) 2020—2033 年四川省石油、天然气及其他能源消费持续增长，其中天然气消费增长趋势较弱，比 $U_{(0)} = U_{(2019)}$ 增长 0.72%，表明四川省"气丰"的资源禀赋优势未得到较好利用；石油及以水电为主的清洁能源消费增势较为明显，石油消费比 $U_{(0)} = U_{(2019)}$ 增长 8.1%，而由于资源限制，"贫油"四川一直以来的石油消费大多依赖进口满足；以水电为主的其他能源消费比 $U_{(0)} = U_{(2019)}$ 增长 3%。

(4) 2020—2033 年四川省煤炭消费降速和石油消费增速明显，到 2033 年四川省石油消费占比达 26.28%，超过四类能源平均消费值。

(5) 2020—2033 年四川省能源消费结构尽管整体变化较为显著，但高碳排放系数能源依旧占据主导地位，有利于节能减排的天然气和其他清洁能源消费份额上升速度较慢。

4.3 四川省能源绿色发展预测分析

4.3.1 四川省能源消费碳排放测算方法

能源消费产生的二氧化碳排放是指一次能源终端消费所产生的排放量，一次能源包括化石能源（煤炭、石油、天然气）和一次清洁电力（水电、风电、核电等）。由于一次清洁电力的含碳量为零，因此消费过程中不会产生碳排放。能源消费产生的排放量主要是指煤炭、石油及天然气消费所产生的二氧化碳排放量。

由于目前我国并没有对能源消费终端产生的二氧化碳指标进行统计，相关碳排放数据是根据已知参数经过数量计算得到的，学术界一致赞同根据 IPCC 提供的方法和参数计算能源消费过程中一次能源产生的二氧化碳排放量。计算方法包括：分部门测算法、特定排放因子测算法、表观消费量测算法。本研究采用目前使用频率最高的能源表观消费量测算法。

能源表观消费量测算法的含义是，能源消费产生的二氧化碳是由能源消费的总量及其具体的含碳量所决定的，其中能源消费总量以标煤量表示，具体含碳量由碳排放系数表示。其计算公式为：

$$C_i = \sum_{i=1}^{3} \frac{44 E_i q_i}{12}$$

其中：

（1）C_i 代表本研究所关注的能源消费产生的二氧化碳排放总量，单位为 10^4 tc。

（2）E_i 代表换算为标准煤的能源消费总量，本研究采用的皆来自历年四川统计局《四川统计年鉴》、国家统计局（《国家统计年鉴》）、国家能源局（《中国能源统计年鉴》）等官方统计。其中 E_i 中的 i 代表能源消费的类型，$i = 1，2，3$，即 E_1 为煤炭消费量，E_2 为石油消费量，E_3 为天然气消费量，单位为 10^4 t。

（3）q_i 代表具体碳排放系数，本研究采用的碳排放系数来自国家发展和改革委员会能源研究院，其中，q_1、q_2、q_3 的具体数值分别为 0.7476、0.5825、0.4435，单位为 tc/t。

（4）44 和 12 分别表示 CO_2 和 C 的分子量。

4.3.2 四川省能源消费碳排放预测分析

根据前文的 ARIMA 模型和马尔可夫预测模型，在已知四川省 2020—2033 年能源消费总量和结构的基础上，结合 IPCC 能源表观消费量测算法测算 $C_i = \sum_{i=1}^{3} \frac{44 E_i q_i}{12}$ 可具体分析。按照既定情景发展的四川省未来 14 年的能源消费碳排放情况，由于以水电为代表的其他清洁能源消费不会带来二氧化碳的排放，因此本节内容仅分析化石能源（煤炭、石油、天然气）消费带来的二氧化碳排放。

如图 4-7 所示，从四川省历年来的能源消费碳排放总量来看，其能源消费碳排放总量在经历了 2012 年的相对高峰后开始呈现下降趋势，该下降趋势持续到了 2018 年。能源碳排放值从 $U_{(0)} = U_{(2019)}$ 年出现转折，开始呈现正增长趋势，并在 2020—2033 年的预测期保持快速增长态势，年均增速达 4.15％，且未在 2030 年出现能源消费碳排放峰值，2030 年能源消费碳排放总量与上年同期相比增长 3.9％，与 $U_{(0)} = U_{(2019)}$ 相比增长 44％，达 42933 万吨，2030 年以后的能源消费碳排放总量同比增速呈现快速上升趋势。2033 年四川省能源消费碳排放总量达 49894 万吨，与 2030 年相比增长 17％，与 $U_{(0)} = U_{(2019)}$ 相比增长 66.7％，与 2005 年相比增长 137.55％。总的来说，按照既有规律发展的四川省能源消费碳排放并未完成在 2030 年前实现碳达峰的目标。

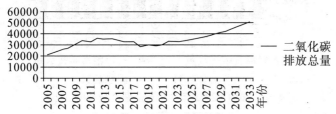

图4-7　2005—2033 年四川省能源消费碳排放总量（单位：万吨）

数据来源：历年《四川统计年鉴》。

如图 4-8 所示，从所预测的四川省 2020—2033 年的能源消费碳排放总量和结构来看，一方面，随着化石能源消费的重心从煤炭消费向石油消费转移，煤炭消费碳排放增长缓慢，石油消费碳排放增长迅速，2030 年四川省石油消费碳排放量占全年能源消费碳排放总量的 40.08％；煤炭与石油消费产生的二氧化碳排放差距先逐渐缩小，到 2030 年四川省石油消费碳排放超过煤炭消费碳排放，自此煤炭与石油消费产生的二氧化碳排放差距开始逐步增加。另一方面，随着煤炭消费份额的转移，四川省能源消费市场中的石油消费和天然气消费不断增长，其中石油消费碳排放增量明显，2030 年与 $U_{(0)} = U_{(2019)}$ 相比增长 13 个百分点；天然气消费碳排放平稳增长，在能源消费碳排放总量持续增长的背景下，每年天然气消费产生的碳排放与同期能源消费碳排放总量的比值长期稳定，且固定在 20% 左右，并不因为同期能源消费碳排放总量的增加而减少。这表明即使天然气碳排放系数较小，但在消费总量一定的基础上，天然气消费份额的正向增长足以带来更多的碳排放。

图 4-8 2020—2033 年四川省能源消费碳排放总量
及结构预测（单位：万吨）

数据来源：历年《四川统计年鉴》。

总的来说，本章使用了时间序列模型和马尔可夫预测模型，对四川省 2020—2033 年的能源消费总量和能源消费结构进行实证分析，并在此基础上结合 IPCC 能源表观消费量测算法对四川省的能源消费碳排放进行预测。实证结果表明，在总量预测方面，到 2030 年四川省能源消费总量将达到 32589 万吨标准煤，

2033 年将达到 38268 万吨标准煤，预测期间将长期保持较高的增长速率，当能源消费结构一定时，总量的增长是能源消费碳排放增长的主导因素。在结构预测方面，能源消费结构变化趋势较为明显，但以石油为代表的高碳排放化石能源仍是四川省能源消费的主力军，2033 年四川省化石能源消费占该年能源消费总量的 60.3%，仅比 $U_{(0)} = U_{(2019)}$ 下降 3%，当能源消费总量一定时，结构的变化是能源消费碳排放变化的主导因素。在碳排放预测方面，预测期间内四川省能源消费碳排放总量不断增长，且增速较大，其中预测期内能源消费碳排放份额表现为 $C_{oil} > C_{coal} > C_{gas}$。综合来看，按照既有规律发展的四川省能源消费碳排放并未完成在 2030 年前实现碳达峰的目标，四川省绿色能源体系构建尚未完成。因此，无论是国家层面还是地区层面，在实现绿色发展和构建四川现代能源体系这条可持续发展道路上，我们都需进一步提高自主贡献力度，采取更加有力的政策和措施，力争实现以达到能源消费碳排放峰值为目标的可持续发展。

第 5 章 四川省绿色发展与
现代能源体系的构建

5.1 传统能源体系与现代能源体系

5.1.1 传统能源向现代能源转型的历程

从原始社会到工业社会的转型,引发了人类对不同种类能源的需求,这些需求推动了人类历史上一次次的能源转型。逐步推进和长期存在是能源转型的重要特征,即使是现在,能源转型革命也正在全球范围内如火如荼地上演。依据学术界对于能源转型的判定标准,当某一社会中生产生活所花费的某类新能源消费总值与能源总消费总值之比等于5%时,则可认为该社会开始了以该类新能源为主导能源的能源转型革命;当上述比例达到50%及以上时,则可认为该社会完成了该类新能源的能源转型革命。按照5%和50%的界限为标准,围绕传统能源向现代能源转型的历程,学术界主要有如下观点:

(1)人类社会经历了四次能源转型,这四次转型的标志分别是驯养役畜和火的使用、风车和水车的出现、蒸汽机的发明、发电机的发明使用。目前我们仍处在第四次转型推动的电气化时代,即将到来的转型是天然气作为主导能源,标志是天然气原动机的使用。

（2）人类社会经历了两次重大的能源转型：第一次是固体能源向液体能源的转型，石油替代了煤炭。第二次是液体能源向气体能源的转型。气体能源不只是指天然气，还包括依靠氢能、太阳能、风能和核聚变提供的能量。

（3）人类社会经历了两次重大的能源转型，即从柴薪时代过渡到煤炭时代和由煤炭时代过渡到石油时代。

（4）人类社会经历的能源转型包括三个阶段，分别为煤炭到石油的转型，煤炭到天然气、水电和核能的转型，煤炭向以风能、太阳能为代表的可再生能源的转型。

（5）人类社会经历了两次主要的能源转型，分别为从植物能源转向化石能源，从化石能源转向可再生能源。

（6）人类社会经历过两次重大的能源转型：第一次是煤炭替代了木材成为主导能源，第二次是油气替代了煤炭。目前，人类社会正在经历第三次能源转型。

（7）人类社会能源转型史是从有机植物型能源依次向煤炭、石油、天然气系统转型的过程。

综上所述，目前学术界的主流观点是人类社会能源转型经历了四个时代，即柴薪时代、煤炭时代、石油时代和后石油时代；依次经历了三次转型，分别是煤炭替代柴薪的第一次能源转型、石油替代煤炭的第二次能源转型，以及正在进行的第三次能源转型。但是，对于第三次能源转型究竟以哪种能源作为主导能源，目前学术界普遍认为，主导能源将从化石能源转变为可再生能源，所以第三次能源转型意味着可再生能源时代的到来。此后的很长一段时间里，主体能源含碳量将从高碳过渡到中碳、低碳并朝着无碳方向前进，能源形态将从固体形态向液体、气体并朝着无形方向发展。总体来说，全球能源结构正朝着更为高效、绿色低碳的方向发展（图5-1）。

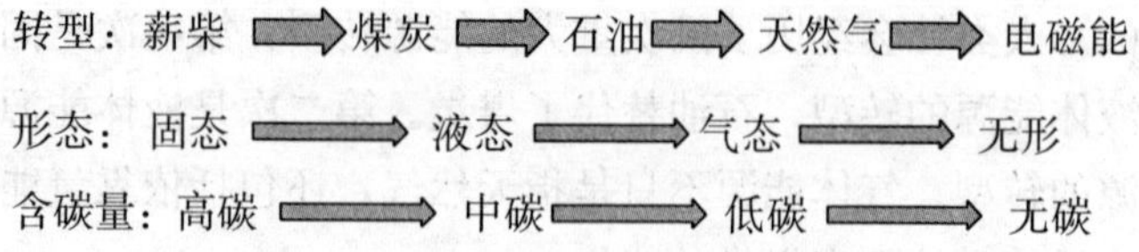

转型：薪柴 ➡ 煤炭 ➡ 石油 ➡ 天然气 ➡ 电磁能

形态：固态 ➡ 液态 ➡ 气态 ➡ 无形

含碳量：高碳 ➡ 中碳 ➡ 低碳 ➡ 无碳

图 5-1　主体能源发展趋势及方向

5.1.2　传统能源体系与现代能源体系的异同

体系是指一个由若干有关事物或某些意识相互联系的系统所构成的有特定功能的有机整体，如工业体系、思想体系、作战体系等。能源体系是一个可以将存在于自然界的各类物质能源转变为人类社会生产和生活所需要的特定能量资源（有效能）的专有系统，它是所有国家及地区国民经济和社会发展中存在的具有特定社会功能的系统之一。其各个组成部分看似独立却密不可分，因其是一个由若干与能源资源相关的事物组合起来的有机整体，这些相关事物既包括能源资源本身，也包括与能源资源生产、消费、运输、存储等环节相关的物理设施、技术和知识体系等；还包括组织网络和其他相关社会要素，如政府部门、企业、公众、相关法规、制度和规则等。

从作用来看，传统能源体系和现代能源体系二者都以为人类生产生活提供能量为最终目的；从组成来看，传统能源体系与现代能源体系二者都包括能源资源本身，与能源资源生产、消费、运输、存储等环节相关的其他事物，以及与能源资源相关的组织网络和其他相关社会组成要素。无论是何种能源体系，它们都是人类社会赖以生存的基础，是人类社会文明进步和发展的力量源泉，是人类从原始社会到传统农耕社会，再到先进工业社会乃至未来智能社会的能量站。

随着人类社会文明的进步和发展，寻求更绿色、清洁的能源资源，构建更高效、智能的能源体系成了必然趋势，能源转型革命顺应而生。能源转型不仅强调能源资源之间的更替和联系，更强调与能源资源相关的其他若干事物的更替和联系，它是由能源资源的自身"量变"引发的能源系统的全体"质变"，前者诱发后者，后者深化前者，二者相辅相成。传统能源体系与现代能源体系的差异点略多，现从主要角度列举以下几点以供参考。

（1）生产消费结构不同。从生产角度来看，传统能源体系的生产动力由自然资源禀赋主导，开采和生产的多为不可再生化石能源（煤炭、石油、天然气），且在生产开采过程中多为粗放式、破坏式作业，不注重对自然的保护与回馈，使得化石能源的消减速度远远大于人类对新资源的探索和研发速度；现代能源体系在能源生产方面则以推进人类能源生产利用方式变革为目标，坚持各类能源生产并驾齐驱，并以可再生清洁能源（水能、风能、太阳能、生物质能等）的生产为重点突破方向。从消费角度来看，传统能源体系中的消费者们更倾向易于开采和利用的传统化石能源，化石能源是传统能源消费体系中为人类衣食住行所需的电力行业、交通行业、建筑行业、制造行业等提供能量来源的主要能源；现代能源体系在能源消费方面则形成了煤炭、石油、天然气、非化石能源全面发展的能源消费体系，并正致力于向将非化石能源作为未来主导能源的方向前进。

（2）技术开发程度不同。传统能源技术的作用范围往往局限于某种具体类型的能源，很难应用于其他类型的能源。当前的能源和环境目标是将不同来源的能源完全结合起来，并重点考虑可再生能源，这种技术的结合不能再被视为某环节的独立操作，而是一个全产业链的综合运行。一方面，现代能源技术更强调智慧化、科技化、绿色化，也更强调对新型能源技术的研发和投入，这都是传统能源技术所忽略且做不到的；另一方面，现代能源技术将有望打破传统能源技术操作中各类能源各自独立的界限，实现相关能源在各自能源领域的"自我平衡"与综合能源领域的

"联动平衡",形成"源—网—荷—储"一体化发展和集成互补的能源互联网模式。

（3）资源利用效率不同。能源利用效率用来说明投入的能源能达到多少效益（经济产出、产品数量或移动距离），或者为了获得一定的效益必须投入多少能源。能源利用效率越高，获得效益所需的能源就越少，经济发展的能源强度就越低。近年来，随着环保、投资及经济状况等外部环境的变化，能源利用效率概念越来越受到重视，现代能源体系对能源利用效率的要求是用更少的能源创造出更多的 GDP，以缓解因能源价格上涨给经济造成的压力，在减少温室气体排放的同时提升能源安全供给的水平。

（4）与自然环境的关系不同。"黑色"是传统能源体系的主色调，"绿色"是现代能源体系的主色调；非清洁能源是传统能源体系的主导能源，清洁能源是现代能源体系的主导能源。"黑色"非清洁能源的生产和使用将产生大量的 SO_x、NO_x、CO_2、粉尘、烟雾及其他各类固体废物和液体废物，引发酸雨、温室效应等现象，严重影响大自然的平衡发展，给大自然造成严重的损害。加之传统能源体系的开采对象是不可再生的，开采行为是过度的，这将造成自然资源的匮乏与枯竭，严重影响大自然的可持续发展。现代能源体系中的能源利用与自然保护的关系正朝着低碳绿色、和谐共生的方向前进，在这种良好的态势下，人类与自然的可持续发展将愈发得到重视，同时，还应继续坚持节能减排、绿色高效的行为原则，坚持人类生产生活与自然界和谐共生的目标理念，积极把控能源消费总量和强度，实施电能替代工程，开展油品质量升级专项行动，探索新能源开发消费模式，继续寻找合适且安全的资源，让人类同自然一起进一步延续。

（5）与经济发展的关系不同。总的来说，经济水平提升与能源体系变革之间的影响是双向的。一方面，能源体系的变革可通过调整经济结构、培育新产业、提供新就业等方式促进经济水平提升；另一方面，经济发展将加快能源的消耗，从人类社会历史上几次重大的能源变革来看，经济的发展可影响和改变能源体系变革的速度和方向，经济水平与能源体系往往保持着适当的相互影响关系。在这种双向影响下，基于经济发展的起步期，传统能源体系以经济发展为重，以低质、高碳的化石能源为主，目的是实现经济的较高速增长，以满足日益增长的物质文化需要。基于经济发展的稳定期，现代能源体系以高效、清洁的新能源为主，目的是保证经济的高质量增长，这种高质量增长体现在能源资源上可以是能源强度的下降、能源生产弹性系数的下降、经济发展与高碳能源的脱钩等，通过能源体系与经济体系的协调耦合作用，以满足美好生活的需要。

表 5-1　能源分类及其代表能源

能源分类		能源分类细分	代表能源
按照是否被加工转换的标准分类	一次能源	可再生能源	水能、风能、太阳能、海洋能、地热能、生物质能等
		不可再生能源	原煤、原油、天然气、核能等
	二次能源	—	电力、汽油、柴油、液化石油气等。此外，能源加工转换过程中排出的余能、余热等也属于二次能源范畴，如高温烟气、废蒸汽、可燃性废气等
按照是否被广泛利用的标准分类	常规能源	—	煤炭、石油、天然气等
	新能源	—	氢能、风能、海洋能、太阳能、地热能、生物质能等

能源分类		能源分类细分	代表能源
按照形成机理的标准分类	化石能源	—	煤炭、石油、天然气
	非化石能源	—	除上述以外的所有其他能源
按照是否会造成污染的标准分类	清洁能源	—	天然气、核能及其他所有可再生能源
	非清洁能源	—	煤炭、石油

5.2 四川省绿色发展与现代能源体系构建目标

2014年，中央财经委员会第六次会议提出了"四个革命、一个合作"的能源安全新战略；2016年，《中华人民共和国国民经济和社会发展第十三个五年计划纲要》确定了建设现代能源体系的工作计划。近年来我国能源消费结构不断优化，能源供给结构日趋多元，能源科学技术不断创新，能源体制机制逐步完善、能源国际合作全面拓展，能源体系朝着清洁低碳化方向转型已是大势所趋。

我国能源革命虽然取得了系列显著成果，但我们应该清醒地意识到，完成能源革命的历程道阻且长，我国在能源绿色低碳转型能力不断提高的同时，面临的压力也显著增大。一方面，当前我国社会主要矛盾已转化为人民日益增长的美好生活需要和不平衡不充分发展之间的矛盾，其中能源清洁高效的利用水平与人们对美好生活、优美环境、清洁能源的迫切需求之间还有较大差距，能源发展不平衡、不充分问题依然突出。考虑到2035年中国人均国内生产总值有望从1万美元增加到2万美元，这意味着人民对电力、热力、天然气等清洁、高品质能源的需求还将持续增长，能源朝着高质量发展转型的压力只增不减。另一方面，根据国际机构核算结果，我国目前碳排放总量已超过美国与欧盟总和，人均碳排放量大于世界平均水平。

综合国际局势和国内发展趋势，面对国内和国际的巨大压力，我们必须深入学习贯彻生态文明思想和绿色发展理念，按照能源领域"四个革命、一个合作"的战略要求，按照"现代能源体系建设"的工作规划，立足中国国情、四川省情，探索一条实现经济发展与环境保护和应对全球气候变化相协调的能源清洁低碳化转型道路。

为此，我们认为，四川省现代能源体系的构建应设立以下目标：

一是推动能源结构优化和能源品质升级，构建"清洁低碳"能源体系。

在能源供给方面，提高传统能源利用效率，提高化石能源的非能利用比例；加大常规天然气、页岩气等非常规气的勘探开发力度，加强天然气产供储销体系建设；加速推动以可再生能源为主的清洁能源发展，坚持集中式与分布式相结合，贯彻"源—网—荷—储"协调思想，逐步形成以电力为转换中心的能源供给结构，加快可再生能源及核电发展。在能源消费方面，要在终端环节推进天然气、电、生物质等能源对散煤的替代，推动集中供暖替代居民散煤采暖，对无法实现集中供暖的区域要做到"宜电则电、宜气则气、宜热则热"；另外，要推动电动汽车对传统燃油汽车的替代，提高终端能源用电比例。

二是加速推进能源全产业链系统效率从低水平向高水平升级，构建"智慧高效"能源体系。

推动 5G、移动互联网、物联网、大数据、云计算、人工智能等技术与能源新技术的深度融合；从行业组织方式、企业管理

81

方式、商业模式等多维度对能源产业展开变革，破除传统以能源供应为核心的上中下游一体化产业组织和发展模式，强化"源—网—荷—储"协调控制能力；建设智慧能源运营调度和交易系统，创新平台运营方式，提高系统能效；构建以能源利用为核心的智能化能源综合服务体系，推动能源企业转型为集供电、供气、供暖、供冷、供氢等为一体的智慧绿色能源综合服务商，实现可再生能源就地规模化利用并提升利用效率。

三是强化能源新旧动能转换的创新驱动力，构建"经济安全"能源体系。

我们应紧紧抓住创新这一核心引擎，加大对关键核心技术和环节的自主创新攻关力度，使得能源价格平稳，能够确保在任何时候以可承受的价格向所有用户供应能源，并立足国内多元供应条件，充分利用国际资源和国际市场提高能源供应安全保障能力，保障开放条件下的国家能源安全。此外，加大市场准入开放力度，在尽可能多的领域引入市场竞争；同时创新能源管理和监管机制，加强政府的规划引导；构建完善的政策支持体系，充分发挥财政、税收和金融政策的激励作用。

5.3 四川省绿色发展与现代能源体系构建原则

能源是人类社会生存发展的重要物质基础，攸关国计民生和国家战略竞争力。当前，世界能源格局深度调整，供求关系总体缓和，应对气候变化进入新阶段，新一轮能源革命蓬勃兴起。当前是我国全面进入小康社会的决胜阶段，是四川省实现经济高质量发展，建设经济强省、能源强省的关键时期。

四川省绿色发展和现代能源体系构建工作以国家能源发展规划为方向；依循国家发展和改革委员会"四个革命、一个合作"的战略思想，深入推进能源革命工作；以四川省能源发展规划为具体标准，把握能源发展新趋势，牢固树立创新、协调、绿色、开放、共享的发展理念，着力建设清洁低碳、安全高效的现代能源体系。

（1）响应中央，服从原则。以国家能源发展规划为指导，以中央政府能源发展标准为要求，全面落实党的工作方针，坚持清洁低碳、绿色发展，效率为本、创新发展，着眼全局、协调发展，合作共赢、开放发展，惠民利民、共享发展的原则，努力把四川省建设成为国家优质清洁能源基地和国家清洁能源示范省。以全球能源革命为引导，以能源转型成功经验为目标，以《巴黎协定》为约束，以国家方针为准则，积极参与国际能源革命，重塑全球能源格局。

（2）清洁低碳，绿色原则。以绿色低碳、清洁环保为四川省能源发展的主基调。坚持能源生产、消费低碳化，以调整能源消费结构为工作重心，降低高污染能源消费比重，提升非化石能源和低污染化石能源的消费比重；以优化能源生产布局为工作方向，减少各类能源开发和使用中所产生的大气污染、水污染、固体废物污染和噪声污染，进一步落实绿色低碳发展理念，保障四川省能源转型建设，促进四川省能源体系和生态环境的绿色发展，加快绿色、低碳、清洁的四川省能源体系建设。

（3）智慧创新，高效原则。以高效智能、完备便捷为四川省能源创新的主基调。保证能源智能高效化，以技术进步为工作重点，着力攻克能源生产开采技术短板；以智慧培育为工作突破点，培育推广能源行业新业态；以效能提升为工作标准，积极弥补能源生产消费效益漏洞，保障四川省能源革命建设，促进四川省能源体系智慧高效地创新发展，加快智能、高效、便捷的四川省能源体系建设。

（4）经济安全，利民原则。以经济安全、利民惠民为四川省能源共享的主基调。切实提高能源整体服务水平，以共享革命成果为工作起点，积极构建小康社会；以推进能源基础设施建设为工作方向，积极提升公众用能效益；以完善能源市场机制为工作要点，加速实现能源经济市场化，保障四川省能源革命建设，促进四川省能源体系经济安全的稳步发展，加快经济、利民、惠民的四川省能源体系建设。

5.4　四川省绿色发展与现代能源体系构建保障

国际社会对于开展能源革命的高度共识，国家和四川省政府对于开展能源革命的经济、政策导向，都为四川省绿色发展及现代能源体系的建设工作提供了千载良机，为四川省相关部门的工作开展给予了强有力的支持保障。

5.4.1　经济基础保障

被称为"天府之国"的四川省物产丰富、资源充沛，是西部的主要发达省份和长江上游的核心经济区。近年来四川省地区生产总值逐年攀升，经济运行态势良好，其经济增速虽然有所下降但并不影响全省经济运行总量的增长。

如图5-2所示，2016年全省实现地区生产总值32680.50亿元，按可比价格计算，比上年增长7.7%，增速比全国平均水平高1个百分点。其中，第一产业增加值为3924.10亿元，增长3.8%；第二产业增加值为13924.70亿元，增长7.5%；第三产业增加值为14831.70亿元，增长9.1%(图5-3)。

图 5-2　四川省生产总值（单位：亿元）

数据来源：历年《四川统计年鉴》。

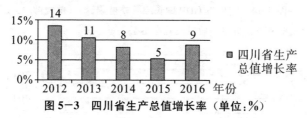

图 5-3　四川省生产总值增长率（单位：%）

数据来源：历年《四川统计年鉴》。

5.4.1.1　工业平稳增长

2016 年规模以上工业增加值比上年增长 7.9%，增幅比全国平均水平高 1.9 个百分点。分登记注册类型看，国有及国有控股企业增加值比上年增长 3.6%，集体企业增长 5.6%，股份制企业增长 8.7%，外商及港澳台商投资企业增长 4.4%（图 5-4、图 5-5）。

分轻重工业看，轻工业增加值增长 8.2%，重工业增加值增长 7.7%。分行业看，41 个大类行业中有 36 个行业的增加值实现增长。其中，酒、饮料和精制茶制造业增长 11.9%，非金属矿物制品业增长 10.3%，石油和天然气开采业增长 21.1%，汽车制造业增长 14.2%，计算机、通信和其他电子设备制造业增长 9.4%。全年规模以上工业企业实现出口交货值 2369.3 亿元，比上年下降 13.3%。规模以上工业企业产销率 96.9%（图 5-6）。

2016 年 11 月，规模以上工业企业实现主营业务收入 36314.5 亿元，同比增长 8.2%；利润总额 1916.7 亿元，增长6.1%。

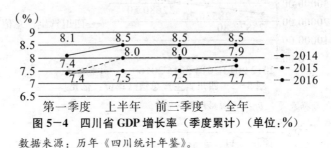

图5-4 四川省GDP增长率（季度累计）（单位:%）

数据来源：历年《四川统计年鉴》。

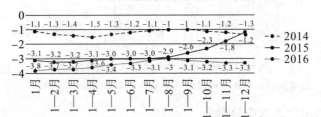

图5-5 四川省工业生产者购进价格涨跌情况（累计比）（单位:%）

数据来源：历年《四川统计年鉴》。

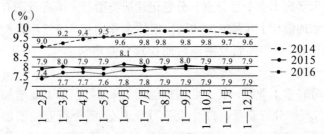

图5-6 四川省规模以上工业增加值增长速度（累计比）（单位:%）

数据来源：历年《四川统计年鉴》。

5.4.1.2 固定资产投资增速提升

2016年全社会固定资产投资29126.0亿元，比上年增长12.1%，其中固定资产投资（不含农户）28229.8亿元，增长13.1%（图5-7）。

分产业看，第一产业投资 1115.1 亿元，增长 32.7%；第二产业投资 8222.4 亿元，增长 10.2%，其中工业投资 8161.7 亿元，增长 10.9%；第三产业投资 19788.5 亿元，增长 12.0%。全年房地产开发投资 5282.6 亿元，比上年增长 9.8%。商品房施工面积 41532.1 万平方米，增长 6.5%。商品房销售面积 9300.5 万平方米，增长 21.2%。

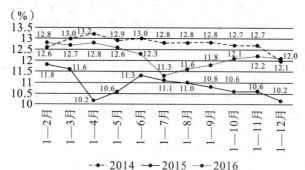

图 5-7　四川省全社会固定资产投资增长速度（月度累计）

数据来源：历年《四川统计年鉴》。

5.4.1.3　进出口情况

全年进出口总额 493.3 亿美元，比上年下降 3.6%。其中，出口额 279.5 亿美元，下降 15.6%；进口额 213.9 亿美元，增长 18.2%（图 5-8）。

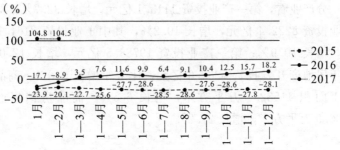

图5-8 四川省进出口额增长速度（月度累计）

数据来源：历年《四川统计年鉴》。

全年以加工贸易方式进出口 273.2 亿美元，比上年增长 17.1%，占全省进出口总额的 55.4%；以一般贸易方式进出口 163.7 亿美元，下降 21.3%，占全省进出口总额的 33.2%。

5.4.1.4 消费平稳较快增长

全年实现社会消费品零售总额 15501.9 亿元，比上年增长 11.7%，比全国平均水平高 1.3 个百分点。

按经营单位所在地分，城镇消费品零售额 12435.4 亿元，比上年增长 11.5%；乡村消费品零售额 3066.5 亿元，比上年增长 12.5%，增幅比城镇快 1 个百分点。

按消费形态分，全年实现商品零售额 13287.8 亿元，比上年增长 11.5%；餐饮收入 2214 亿元，增长 13.2%。在商品零售中，限额以上企业（单位）实现零售额 6974.3 亿元，增长 10.1%。其中，粮油、食品、饮料、烟酒类增长 18.8%，服装、鞋帽、针纺织品类增长 4.5%，日用品类增长 24%，书报杂志类增长 7.9%，家用电器和音像器材类增长 12.8%，通信器材类增长 24.5%，家具类增长 22.2%，汽车类增长 6.4%，石油及制品类增长 3.6%（表5-2、图5-9、图5-10）。

表5-2　四川省主要产品产量

产品名称	单位	绝对值	比上年增长/%
原煤	万吨	6076.2	-3.9
汽油	万吨	256.6	18.0
天然气	亿立方米	296.9	11.1
发电量	亿千瓦时	3141.6	5.3
铁矿石原矿	万吨	20437.3	3.1
生铁	万吨	1733.2	-0.7
十种有色金属	万吨	54.9	-7.9
粗钢	万吨	2007.7	-4.9
成品钢材	万吨	2837.2	5.0
农用氮磷钾化学肥料	万吨	508.6	2.7
水泥	万吨	14584.2	3.9
平板玻璃	万重量箱	5363.3	31.9
啤酒	万千升	232.1	5.0
家用电冰箱	万台	85.6	16.3
汽车	万辆	131.1	24.7
电力电缆	万千米	273.1	32.8

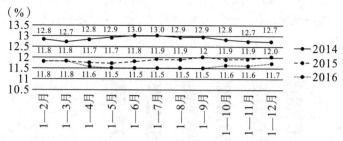

图5-9　四川省社会消费品零售总额增长速度（月度累计）

数据来源：历年《四川统计年鉴》。

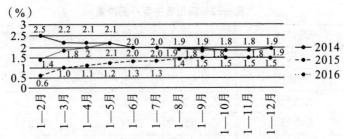

图 5-10　四川省居民消费价格涨跌情况（累计比）

数据来源：历年《四川统计年鉴》。

经过经济的高速发展，"十三五"期间是四川省建设高质量经济强省的决胜时期，经济的高质量发展不仅是经济总量的增长，更是产业结构的不断优化。从各产业对四川省地区生产总值的贡献度来看，由于近年来为加深地区工业化、现代化程度，优化产业结构，从国家层面至地方各级政府均对第二、第三产业更为重视，因而四川省第一产业对生产总值的贡献率最低，其贡献度一直徘徊于 12% 上下，2016 年大幅降至 6%；第二产业和第三产业一直处于博弈阶段，以 2013 年为分水岭，2013 年以前第二产业贡献率超过 50%，2013 年以后川、渝两地第三产业贡献率逐步上升，在 2016 年第三产业贡献率已经基本接近 50%。第二产业的占比逐年下降是经济发展水平逐渐提高的表现，其主要原因可以用以下两点来解释：一是该发展趋势符合经济发展的规律，二是各省为保证我国正常的经济发展而做出的政策推动（图 5-11）。

图 5-11　四川省各产业贡献率（单位：%）

数据来源：历年《四川统计年鉴》。

四川省经济的总体向好、经济质量的提升、产业结构的优化这些因素都将刺激能源革命的不断前进，高质、稳定的经济基础是四川省开展绿色发展及现代能源体系建设工作的前提保障。

5.4.2 政府政策保障

由于现今能源发展日新月异，出现能源格局多极化、能源结构低碳化、能源系统智能化等发展趋势。因此，我国的能源政策也有了新动向：更加注重发展质量，调整存量、做优增量，积极化解过剩产能；更加注重结构调整，加快双重更替，推进能源绿色低碳发展；更加注重系统优化，创新发展模式，积极构建智慧能源系统；更加注重市场规律，强化市场自主调节能力，积极变革能源供需模式；更加注重经济效益，遵循产业发展规律，增强能源及相关产业竞争力；更加注重机制创新，充分发挥价格调节作用，促进市场公平竞争。

2016 年我国加入《巴黎气候变化协定》，更是向全世界做出了减少温室气体排放的郑重承诺。从"十一五"开始，国家就制定了全国主要污染物排放总量控制的五年计划，各级地方人民政府需要对总量控制指标进行层层分解，然后将其纳入本地区经济社会发展五年规划，并接受上级政府的监督与考核。"十三五"期间，根据国家下达的考核目标任务，四川省印发了《"十三五"环境空气质量和主要大气污染物总量减排指标目标任务分解计划》，全省"十三五"细颗粒物（$PM_{2.5}$）平均浓度指标目标任务为：到 2020 年，全省 $PM_{2.5}$ 年均浓度比 2015 年下降 16％以上。2015 年已达标的 5 个市（州）持续稳定达标，未达标的 16 个市（州）$PM_{2.5}$ 年均浓度应比 2015 年下降 18％以上。计划还对全省各地的平均浓度指标进行了年度分解。而 2016 年通过的《中共四川省委关于推进绿色发展建设美丽四川的决定》更是提出，到 2020 年，实现全省 $PM_{2.5}$ 年均浓度比 2015 年下降 20%，全省优良天数比例达到 84% 以上。可以说，四川省对各级地方政府的环保责任落实到位、严格考核，目前环境污染问题日益凸显，实现绿色发展、可持续发展的理念已经深入人心。

因此，四川省政府及各级地方政府响应国家号召，积极推动能源领域新生产消费体系的构建。由于国家政策大力鼓励交通领域实施"以气代油"，国家能源局有意力推天然气车船产业，四川省因而采取了一系列有效的措施，包括出台天然气车船产业发展规划及新能源汽车优惠补贴相关政策等。政府社会政策的颁发与运行则是对这些建设工程最直接、最有力的保障。为了明晰国家及省政府对能源改革工作的基本思路，寻找国家及省政府对能源改革工作的支持依据，现将与上述思路和依据相关度较高的文件进行梳理，具体如表 5-3 所示。

表 5-3　国家及省级单位能源改革政策

序号	政策	发文时间	发文单位	主要内容
1	《中华人民共和国资源税暂行条例》	2011 年	国务院	部分品种资源税由从量计征改为从价计征，并且提高部分高价稀缺资源的征税标准。其中，原油、天然气的资源税税率均为销售额的 5%~10%

续表5-3

序号	政策	发文时间	发文单位	主要内容
2	《天然气分布式能源的指导意见》	2012 年	国家发改委	"十二五"初期启动一批天然气分布式能源示范项目,"十二五"期间建设 1000 个左右天然气分布式能源项目,并拟建设 10 个左右具备各类典型特征的分布式能源示范区域。未来 5~10 年在分布式能源装备核心能力提升方面和产品研制应用方面取得实质性突破,初步形成具有自主知识产权的分布式能源装备产业体系
3	《关于进一步深化电力体制改革的若干意见》	2015 年	国家能源委员会	(1) 有序推进电价改革; (2) 理顺电价形成机制,推进电力交易体制改革,完善市场化交易机制; (3) 建立相对独立的电力交易机构,形成公平规范的市场交易平台; (4) 推进发用电计划改革,充分发挥市场机制的作用
4	《中国经济体制改革》	2016 年	国家发改委	(1) 深化企业改革,开展国有企业混合所有制改革试点示范; (2) 持续推进简政放权; (3) 深化投融资体制改革; (4) 深入推进价格改革; (5) 完善新型城镇化体制机制; (6) 构建开放型经济新体制; (7) 完善创新驱动发展体制机制; (8) 推进生态文明体制改革

序号	政策	发文时间	发文单位	主要内容
5	《全国土地利用总体规划纲要（2006—2020年）调整方案》	2016年	自然资源部	合理调整产业用地结构，保障水利、交通、能源、通信、国防等重点基础设施用地，优先安排社会民生、脱贫攻坚、战略性新兴产业，以及国家扶持的产业发展用地，严禁为产能严重过剩行业新增产能项目安排用地
6	《关于印发页岩气发展规划（2016—2020年）的通知》	2016年	国家能源局	大力推进科技攻关，分层次布局勘探开发，加强国家级页岩气示范区建设，完善基础设施及市场
7	《天然气管道运输价格管理办法》	2016年	国家发改委	加强天然气管道运输价格管理，规范定价行为，提高定价科学性、合理性和透明度，促进天然气行业健康发展。经营管道运输的企业原则上应将管道运输业务与其他业务分离，目前生产、运输、销售一体化经营的企业暂不能实现分离的，应当实现管道运输业务财务核算独立
8	《国家发展改革委关于明确储气设施相关价格政策的通知》	2016年	国家发改委	（1）储气服务价格由供需双方协商确定；（2）储气设施天然气购销价格由市场竞争形成；（3）鼓励城镇燃气企业投资建设储气设施
9	《关于加快推进天然气利用的意见》	2016年	国家能源局	加快天然气在城镇燃气、工业燃料、燃气发电、交通燃料四大领域的大规模高效科学利用，使天然气主体能源地位显著提升

序号	政策	发文时间	发文单位	主要内容
10	《能源发展"十三五"规划》	2017 年	国家能源局	(1) 能源消费总量控制在 50 亿吨标准煤以内； (2) 能源自给率保持在 80% 以上； (3) 保持能源供应稳步增长； (4) 保障能源安全； (5) 优化能源消费结构； (6) 提高能源利用效率； (7) 实现能源环保低碳； (8) 提高能源公共服务水平
11	《国家环境保护"十三五"规划》	2017 年	国家环境保护总局	"十三五"期间，全社会环保投资将达到 17 万亿元。工程投入以企业和地方各级政府为主，实施节能减排，发展低碳技术

序号	政策	发文时间	发文单位	主要内容
12	《关于深化石油天然气体制改革的若干意见》	2017 年	国务院	（1）完善并有序放开油气勘查开采体制； （2）完善油气进出口管理体制，提升国际国内资源利用能力和市场风险防范力度； （3）改革油气管网运营机制，提升集约输送和公平服务能力； （4）深化下游竞争性环节改革，提升优质油气产品生产供应能力； （5）改革油气产品定价机制，有效释放竞争性环节市场活力； （6）深化国有油气企业改革，充分释放骨干油气企业活力； （7）建立健全油气安全环保体系，提升全产业链安全清洁运营能力； （8）完善油气储备体系，提升油气战略安全保障供应能力
13	《将天然气水合物设立为我国新矿种（第173种矿产）》	2017 年	自然资源部	鼓励和引导企业参与勘探开发，推动天然气水合物开发利用进程；加强矿产资源管理，由自然资源部审批并颁发天然气水合物勘探开发审批许可证、采矿许可证，划定勘探区块，做好矿权登记

序号	政策	发文时间	发文单位	主要内容
14	《国务院关于推进价格机制改革的若干意见》	2017 年	国务院	(1) 进一步深化垄断行业价格改革； (2) 进一步推进价格市场化； (3) 强化网络型自然垄断环节价格监管
15	《2021 年能源工作指导意见》	2021 年	国家能源局	坚持稳中求进工作总基调，立足新发展阶段，贯彻新发展理念，构建新发展格局，坚持系统观念，遵循"四个革命、一个合作"能源安全新战略，以能源高质量发展为主题，统筹能源与生态和谐发展，着力保障能源安全稳定供应，着力推进能源低碳转型，着力推进能源科技创新，着力深化能源体制机制改革，着力加大能源惠企利民力度，为全面建设社会主义现代化国家提供坚实的能源保障
16	《关于印发四川省大气污染防治行动计划实施细则 2016 年度实施计划的通知》	2016 年	四川省人民政府	(1) 有序推进电价改革； (2) 理顺电价形成机制，推进电力交易体制改革，完善市场化交易机制； (3) 建立相对独立的电力交易机构，形成公平规范的市场交易平台； (4) 推进发用电计划改革，充分发挥市场机制的作用

序号	政策	发文时间	发文单位	主要内容
17	《四川省"十三五"天然气车船产业发展规划》（简称《规划》）	2016 年	四川省发改委	《规划》在全面总结四川省天然气车船产业发展成就基础上，分析了"十三五"面临的机遇和挑战，提出了"十三五"天然气车船产业发展指导思想、基本原则，明确了着力建设布局合理、网络完善、科学高效、安全经济的天然气汽车、船舶应用体系，力争把四川省建成国内领先的天然气汽车产业强省。《规划》明确，"十三五"期间，四川省将积极推进天然气汽车推广应用，积极稳妥推进天然气船舶试点示范工作，力争全省新增 CNG 汽车 13 万辆、LNG 汽车 3.5 万辆，新建加气站 347 座，其中 CNG 加气站 173 座、LNG 加气站 174 座
18	《四川省"十三五"能源发展规划》	2017 年	四川省人民政府	（1）电力体制改革； （2）油气体制改革； （3）能源价格机制改革
19	《四川省"十三五"战略性新兴产业发展规划》	2017 年	四川省人民政府	进一步发展壮大新一代信息技术、高端装备、新材料、生物、新能源、新能源汽车、节能环保、数字创意等战略性新兴产业，着力实施一批战略性新兴产业重大工程，引进一批重大产业和优质创新型项目，发展壮大一批龙头企业，培育一批高端引领型产品，形成一批特色产业链，打造一批全国领先特色园区

续表5-3

序号	政策	发文时间	发文单位	主要内容
20	《四川省环境污染防治"三大战役"实施方案》	2018 年	四川省委省政府	积极推动高质量发展,坚决打好污染防治"三大战役"攻坚战,强力推进环境保护督察,发现问题整改,着力解决突出环境问题,实现全省生态环境质量持续改善,奋力推进新时代生态环境保护再上新台阶,为建设美丽四川做出贡献
21	《四川省支持节能环保产业发展政策措施》	2019 年	四川省发改委、省经信息化厅	该措施从 12 个方面提出了 40 条支持节能环保产业发展的政策措施,集中破解困扰节能环保产业发展的痛点、难点、堵点
22	《中共四川省委关于制定四川省国民经济和社会发展第十四个五年规划和二〇三五年远景目标的建议》	2020 年	四川省委	到 2035 年,绿色低碳生产生活方式基本形成。"十四五"期间,建设清洁能源示范省,降低碳排放强度,发展绿色低碳产业
23	《四川省积极有序推广和规范碳中和方案》	2020 年	四川省生态环境厅	(1) 制定碳中和政策规范; (2) 搭建碳中和服务平台; (3) 扩大碳中和实施范围; (4) 实施碳中和示范项目

　　其他相关政策保障囊括于上述文件却远不局限于此,它们一方面是对上述文件的衍生;另一方面是对上述文件的执行,包括能源利用、经济发展、环境保护的方方面面,如《国家天然气利用政策》《关于积极推进"互联网+"行动的指导意见》《关于深化石油天然气体制改革的若干意见》《关于加快推进天然气利用的意见》《关于加强配气价格监管的指导意见》《中央企业节能减

排监督管理暂行办法》《四川省产业园区"十三五"规划》《四川省"十三五"天然气车船产业发展规划》等。从各项中央及四川省政府文件可以看出，在能源革命浪潮的不断推进中，国家和四川省政府给予了能源革命工作无限创新创造的空间，为能源改革提供了机会，有序、稳定的政策支持是四川省开展绿色发展及现代能源体系建设工作的坚强后盾。

5.4.3 资源禀赋保障

我国各种能源资源在地域分布上具有不同程度的不平衡性。全国能源资源结构以煤炭为主（75.2%），水力居次（22.4%），油气为辅（2.4%）。各地区呈现明显的差异。就省区而言，北方大多数省份以煤炭资源为主，而南方一些省份则以水力资源为主。

煤炭资源的分布面较广，全国2300多个县市中1458个有煤炭赋存，但90%的储量分布在秦岭—淮河以北地区，尤其是山西、陕西、内蒙古三省区，占到全国总量的63.5%。从东西方向看，煤炭资源的85%分布于中西部，沿海地区仅占15%。在煤炭资源比较贫乏的大区中有相对较丰富的省份，如东北区的黑龙江、华东区的安徽、华中区的河南；而在煤炭资源比较丰富的大区中又有相对贫乏的省份，如西北区的甘肃，华北区的北京、天津两市。从分省探明储量看，超过1000亿吨的有山西、陕西、内蒙古；200亿~1000亿吨的有新疆、贵州、宁夏、安徽、云南和河南六省区，合占全国的25.3%。

石油、天然气资源集中在东北、华北（包括山东）和西北，合占全国探明储量的86%，集中程度高于煤炭。储量最大的省区是黑龙江（31.8%）、山东（18.6%）、辽宁（12.7%）和京津冀（12.7%），其次是新疆（8.1%）、河南（4.4%）等。

水能资源主要分布在西部和中南部，在全国技术可开发资源量（3.7 亿千瓦）中合计占到 93.2%，其中西南部占 67.8%。占比全国 10% 以上的省份有四川（26.8%）、云南（20.9%）和西藏（17.2%），其次为湖北、青海、贵州、广西，占比分别在 3%~8%。与燃料资源主要分布在北方相比，水能资源与之在空间上有较强的区域互补性。

四川省位于我国西南腹地，凭借其地理优势、资源优势，自古便有"天府之国"的美誉，是我国能源生产和消费的主要省份。四川省能源资源丰富，以水能、煤炭和天然气为主，水能资源约占 75%，煤炭资源约占 23.5%，天然气及石油资源约占 1.5%。全省水能资源理论蕴藏量 1.43 亿千瓦，占全国的 21.2%，仅次于西藏。其中技术可开发量 1.03 亿千瓦，占全国的 27.2%；经济可开发量 7611.2 万千瓦，占全国的 31.9%，均居全国首位，因而四川省是中国最大的水电开发和西电东送基地。全省水能资源集中分布于川西南山地的大渡河、金沙江、雅砻江三大水系，约占全省水能资源蕴藏量的 2/3，因而四川省也是全国最大的水电"富矿区"，其技术开发量占理论蕴藏量的 79.2%，占全省技术开发量的 80%。四川省保有煤炭资源量 122.7 亿吨，主要分布在川南，位于泸州市和宜宾市的川南煤田赋存了全省 70% 以上的探明储量。煤炭种类比较齐全，有无烟煤、贫煤、瘦煤、烟煤、褐煤、泥炭。油、气资源以天然气为主。石油资源储量很小，四川盆地累计探明新增地质储量 6796 万吨。天然气资源十分丰富，四川盆地是国内主要的含油气盆地之一，是国内重要的天然气工业基地，天然气探明储量稳步增长。中石油西南油气田累计至 2016 年底探明天然气储量 2.49 万亿立方米，中国石化在四川盆地累计探明天然气储量 1.25 万亿立方米，丰富的天然气资源为四川省发展天然气产业奠定了资源基础。另外，四川省的生物能源也比较丰富，每年有可供开发利用的人畜粪便 3148.53 万吨，薪柴 1189.03 万吨，秸秆 4212.24

万吨，沼气约 10 亿立方米。此外，太阳能、风能、地热资源也较为丰富，有待开发利用。

在现有探明储量的基础上，四川省还拥有巨大的待探明能源储量，多元化、低碳化的自然资源禀赋是四川省开展绿色发展及现代能源体系建设工作的主要支撑。

5.5　绿色发展与现代能源体系建设的成功案例

5.5.1　美国页岩气革命

页岩气的主要成分为甲烷（CH_4），它是一种储存在页岩中的天然气。黑色页岩中蕴藏着丰富的古生物有机质，经过长时间埋藏并随着温度和压力的升高，生成了天然气。页岩中不断生成的富含甲烷的天然气，一部分从页岩石运移聚集在疏松多孔的岩石中，形成常规天然气；另一部分则以游离状态或吸附状态储存在页岩裂缝、孔隙或夹层中，形成滞留在页岩中自储的页岩气。页岩气是一种典型的低碳清洁能源。国际能源署 IEA 统计表明，全球非常规天然气储量远超过常规天然气。在非常规天然气中，页岩气可采储量占 63％，预测 2035 年全球非常规天然气产量将达到 1.6 万亿立方米。

世界上对页岩气资源的研究和勘探开发最早始于美国。一方面，对国内能源资源的研究勘探、不断开发探索新的能源生产开采技术是美国能源革命工作的不懈追求；另一方面，自 20 世纪 70 年代能源危机以来，逆转进口能源依赖、躲避能源危机、保障国家能源安全、捍卫全球强国地位是美国能源革命工作的最终目的。1821 年美国便开始研究页岩气，1976 年美国政府在全美境内大力推进页岩气产业发展，经过近 30 年的技术沉淀和经验累积，直到 2000 年各方面条件相对成熟后美国才开始进行大规模商业开发，自此美国页岩气开采量呈井喷式增长。2009 年，美国页岩气生产井高达 98590 口，页岩气年产量以 $6240×10^8 m^3$ 首次超过俄罗斯成为世界第一天然气生产国；2010 年，美国页岩气产量占天然气总产量的 23％；2017 年，美国在 60 年之后重新成为天然气净出口国，这是一个划时代的变化（图 5-12、表 5-4）。

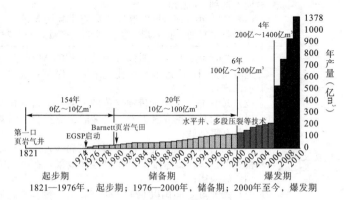

图 5-12　美国页岩气革命发展史

表 5-4　美国页岩气革命阶段划分及标志性事件

时间	标志性事件
勘探开发阶段 （1821—1976 年）	(1) 1821 年，纽约 Chautauqua County 钻探出第一口井，拉开了美国页岩气革命序幕； (2) 1859 年，宾夕法尼亚州 Venango County 通过成功钻探发现了大容量的石油蕴藏，页岩气的开发不断往西拓展； (3) 1914 年，在阿巴拉契亚盆地泥盆系 Ohio 页岩中，发现日产 2.83 万 m^3 的高产气流，这就是闻名美国的 Big Sandy 气田； (4) 1945 年，在堪萨斯州的 Grant County 由泛美石油公司控制的一口天然气井中，应用水力压裂法第一次泵出天然气

时间	标志性事件
稳步发展阶段 （1976—2000 年）	（1）1976 年，美国国会批准资助非常规天然气研究计划（UGRP），研究开发非常规油气资源； （2）1982 年，Mitchell 能源开发公司发现了 Barnett 页岩气田，将页岩气勘探区指向美国中南部； （3）1992 年，主产区阿巴拉契亚盆地的天然气年供应量达到 56 亿 m^3； （4）1988 年，Mitchell 能源开发公司利用新的水力压裂技术打通了页岩层，美国天然气产量急剧上升
快速发展阶段 （2000 年至今）	（1）2002 年，Devon 能源开发公司收购 Mitchell 能源开发公司，改进水平钻孔技术以确保页岩气井更加高产； （2）2003 年，由于油价和气价的上涨，页岩气比起以往更加具有经济吸引力，更多的企业投身非常规油气开采领域； （3）2004 年，水平井分段压裂技术和清水压裂技术得到改进，在实际操作中取得良好效果，在美国得到广泛应用； （4）2009 年，美国以 $6240 \times 10^8 \ m^3$ 的产量首次超过俄罗斯成为世界第一天然气生产国； （5）2015 年，美国页岩气产量占全国天然气总产量的 56.2%； （6）2017 年，美国在 60 年后重新成为天然气净出口国

美国页岩气的大规模商业开发引领了第三次能源革命，随之而来的是美国本土能源价格的大幅下降，美国开始扭转全球能源局势，逐步影响着世界政治格局，其外交实力进一步增强，全球能源中心的地位得以坐实，国际霸权得以维护；大量现代制造业回归美国，为国民提供了大量的工作岗位，从而刺激美国经济发展，助推美国经济复苏，巩固美国经济强国的地位。与此同时，页岩气的大量开采和使用助推美国加速实现环境保护和低碳绿色发展的能源革命目标，满足了全球能源革命的要求，页岩气作为

清洁气体的一种，其燃烧消费过程产生的 CO_2 比同为化石能源的煤炭少 1/2，比石油少 1/3，由美国页岩气的商业开发模式改变的能源消费模式在美国国内环境的优化乃至全球生态环境的改善方面起到了表率和模范作用。

追根溯源，美国页岩气革命成功的原因可归纳为以下几点。

（1）地质条件：地质条件适宜，地表环境简单。

美国页岩气主要产于白垩系、侏罗系、石炭系和泥盆系，地质背景好，页岩气藏构造条件较为简单，页岩广泛分布于全美且储量较高，页岩结构平缓、地质断层和褶皱也不发育，以海相地层为主，压裂水源充足；页岩气储层大面积连续分布；储层厚度在 49～610 m 之间，厚度大；埋藏深度浅，基本上小于 2000 m；地表平缓，多以平原为主，便于勘探开采设备的安装和交通条件的建设。总的来说，美国境内页岩气开采条件十分理想，总体储量开发潜力非常巨大。

（2）技术条件：关键技术成熟，开采效率高。

美国页岩气开发技术在很大程度上借鉴了常规油气开采技术，同时又从具体情况出发，针对页岩气储层的地质特征，进行了升级改造和创新，开发出既能保护页岩储层，又能提高开采效率的技术，形成了一套先进有效的页岩气开采技术，降低了页岩气的开采使用成本，提升了页岩气的开采效率。其中关系页岩气开采成功与否及其开采成果高效与否的关键技术在于水平钻探技术和水力压裂技术。

水平钻探技术：页岩气钻井方式主要包括直井钻探和水平钻探，直井主要是通过实验来试探页岩性质和储量，产量较低；而水平井主要用作开发生产，它不仅能最大限度地减少钻探时对储层的伤害，还能使得钻探泄流面积最大化，其产量是实验直井的 3 倍。另外，它主要涉及以下技术：智能测井技术、旋转导向技术、控压或欠平衡钻井技术、泡沫固井技术、有机和无机盐复合防膨胀技术。

水力压裂技术：水力压裂可使页岩储层产生更加密集的裂缝网络，提高储层渗透率，使页岩气更容易流入井筒，进而提高开采量。它主要涉及以下技术：水力压裂模拟技术、水力喷射压裂技术、重复压裂和同步压裂技术、水平井分段压裂技术、压裂微地震监测技术、高强低密度支撑剂技术。

这些先进技术在一定的市场和政策条件下投入推广和使用，大大拓展了页岩气开采的面积和深度，有效提升了开采效率；在上述成熟技术体系的支撑下，美国实现了页岩气的规模化、商业化开采。

（3）基础设施条件：基础建设良好，管网系统发达。

美国天然气管网是一个集输配一体化的系统，目前已建干线管网长达49万千米，是我国管网长度的8倍有余，发达的管网系统可以为美国48个州的几乎任何地区输送天然气或从其输出天然气，页岩气井采出气后运输2千米左右就可以进入输气管网。

（4）市场条件：市场建设稳定，融资环境良好。

市场建设方面，美国国内天然气市场成熟，市场化程度高，市场竞争机制健全。针对上游产品生产端，美国天然气开发市场无进入壁垒，政府对开发商进入市场无资产、资本限制，企业与企业之间形成自发交易、自由竞标的市场竞争关系；针对中游加工运输端，为避免天然气生产商、销售商对产业链的一体垄断，美国政府严令禁止上述企业参与任何形式的运输业务，同时也明令禁止管道运输企业进入天然气购销市场，《FERC636号法令》命令规定管道运输企业只能开展运输业务，美国天然气管道运输业务与天然气开采生产、消费运营业务完全独立；针对下游产品消费端，美国政府给予消费者自主选择供应商的权利和自由，供应商根据消费者需求不断提升服务水平和质量，提升企业竞争力，促进市场活力。此外，美国天然气市场价格机制完备健全，天然气价格不受政府管制，仅反映自发的市场供需关系。

融资环境方面，美国拥有全球最发达的资本市场（股权投资基金、能源投资基金、银行资源类借贷、垃圾债券），为高盈利预期的项目提供充足的资本支持。并且美国页岩气的开发刚好与美国资本市场的"口味"高度匹配，其页岩气的开发投资通常是一种"放高产"模式——第一年的产量往往很高，资金可以快速回笼，后期可以通过继续打井的方式增加产量，而其后期边际成本却呈断崖式降低。这一特性赢取了市场投资者的青睐。华尔街为了助推页岩气革命，更是发行了包括期权、期货、债权、股票等在内的众多金融产品。

（5）政策条件：政府监管充分，财政支持到位。

政府监管方面，一方面，由于页岩气特殊的存在形式和储存状态，在开采时会产生大量污水和废气，对水环境和大气环境造成负效应，为将这种负效应降低，美国采取联邦政府和市州政府的双级监督政策，并颁布了《清洁空气法》《环境资源保护和恢复法》《清洁水法》《安全饮用水法》《固体废物处置法》等针对页岩气开发的环境监督管理办法；另一方面，美国境内允许土地自由买卖和租赁，因此土地资产所有人拥有对该土地的能源开采权，美国各级政府无权干涉私人土地资源的流转，但对该市场执行公开透明的监督管理职能，保证了土地买卖市场和租赁市场的公平性和有效性，使得各种资本能够流入页岩气勘探开发市场，进行有效运转。

财政支持方面，在页岩气开发前期，作为一项高风险投资项目，如果仅靠市场融资而没有美国政府的财政支持，或许页岩气项目早已止步。1978 年，美国政府通过各项法律法规为包括页岩气在内的非常规油气开采提供资金庇护，公布了《天然气政策法案》；1980 年，在以《原油暴利税法案》为代表的系列政策作用下，美国政府实施了一系列鼓励替代能源发展的税收激励、补贴政策和减免税行为，大大降低了天然气开采税，并且鼓励天然气企业积极开展水平井钻探和多级地层水力压裂工序等技术创新。除联邦政府外，市州政府更是鼎力支持，1835 年，得克萨斯州为刺激开发商生产积极性、推动页岩气革命，在全州范围内彻底取消开发税费，并同时投入大量资金支持油气开发。在这一系列政策扶持措施的助推下，美国页岩气革命取得了骄人成绩。

页岩气革命的成功极大释放了以美国为首的美洲地区油气供给潜力，改变了传统以中东为主的全球油气供应格局，也使得美国顺势加快调整能源战略，从谋求"能源独立"转向"能源主导"，加速了国内能源革命转型进程，对国际能源经贸格局产生了深刻影响，这不仅改变了世界油气工业的版图，更是打破了国际油气贸易的原有格局，也让全球能源格局发生了颠覆性变化，帮助美国进一步巩固了其能源和经济强国的地位。

5.5.2 德国可再生能源革命

可再生能源是指风能、太阳能、水能、生物质能、地热能、海洋能等非化石能源。随着能源转型工作在全球范围内掀起的改革热潮，可再生能源以其可再生、清洁、绿色等特征，备受世界各国青睐。

德国作为现代工业化进程完备的西方国家之一，是典型的能源消费大国和能源生产小国，煤炭一直是支撑其早期工业事业的主要支柱。然而由于德国本土能源供需长期失衡，因此煤炭、石油等传统能源的供应必须长期依赖国外进口，且能源进口渠道过度集中。极高的石油对外依存度严重影响了德国经济的增长，

1973 年由第四次中东战争引起的全球性石油危机导致作为能源进口国的德国国民经济增长受到威胁，能源安全受到挑战。出于对刺激经济恢复和保障国家能源安全的决心，德国政府把可再生能源开发和核能开发作为国家能源发展战略。随着核事业的不断发展，其利弊性引起了全球性的关注，加之 20 世纪 70 年代欧洲几起核事故的发生，德国弃核运动酝酿已久，这也是德国早期能源转型的引子之一。1979 年美国宾夕法尼亚州核电站泄漏、1986 年切尔诺贝利核事故等悲剧的发生更是将发展核事业的质疑声引到顶端，虽然一直以来德国国内各政党对于核事业的发展各执己见，但 2011 年日本福岛核泄漏激化了德国执政党愈加强烈的反核运动，政府 7 天内关闭了国内 8 座核电厂，并宣布自 2011 年起国家将分阶段退出核事业，2022 年彻底弃核，关闭国内所有核电站，以此表达其坚定的弃核决心。强烈的反核意识反向推动了国内以可再生能源为主导的能源转型改革，德国能源转型也就这样被认为是向低碳、无核化经济转型的过程(表 5-5)。

表 5-5　德国主要反核运动及其影响

时间	事件	影响
1971 年	Breisach 掀起有组织的反核抗议游行运动	在 Breisach 建造核电站的计划取消
1975 年	Wyhl 掀起国内最大的有组织反核抗议活动，抗议人数高达 2.8 万余人	Whyl 成为德国反核运动发源地
1980 年	西德绿党正式成立	关闭西德境内所有核电站成为反核运动的核心目标
1986 年	切尔诺贝利事故	德国 86% 的公民呼吁关闭核电站，淘汰核能。其中，17% 的德国公民要求即刻关停核电站，国家"核煤共行"政策破裂

时间	事件	影响
1989年	德国最后一座核反应堆入网	德国核反应新建堆事业自此停止
1993年	东德绿党和西德绿党结合	结合为1998年大选扩张了势力
1998年	德国大选	绿党大选一举获胜,"红绿联盟"(社会民主党与绿党联合执政)和联合党要求即刻关闭国内全部核电站
2002年	(1)颁布《逐步退出核电》法令; (2)德国大选	(1)政府计划2022年关停德国所有核电站; (2)德国大选绿党获胜,"红绿联盟"持续发力,为反核事业争取时间、积聚力量
2005年	德国大选	"红绿联盟"被基民盟(基督教民主联盟)取代,基民盟试图改变"红绿联盟"的弃核计划
2010年	默克尔政府宣布增加核电站投用期限,延缓弃核计划	德国弃核计划从2022年调整为2036年
2011年	日本福岛核事故	(1)80%的德国民众要求政府按照原安排实施弃核计划; (2)基民盟认可弃核计划,肯定逐步退出核电方案

　　一直以来,德国都被视为"全球能源转型的先行者与可再生能源发展的领头羊",德国能源转型是国家在保证能源安全、经济增长的情况下对社会做出的缓解自然环境压力、降低二氧化碳排放水平的国际性承诺。1924年,德国兴建第一座水电站,开启了可再生能源发展之路;1980年,德国应用生态学研究所的《能源转型:没有石油与铀的增长与繁荣》报告第一次提出了"能源转型"(Energiewende)一词;1991年,德国颁布了第一

部可再生能源法——《电力入网法》,极大促进了风电发展,奠定了德国能源事业的可再生能源基调;2000 年,《可再生能源法》的颁布成为德国可再生能源政策的制定基础,为德国能源转型政策的制定开辟了全新路径,是德国开展能源转型革命的正式标志。

德国能源转型的成功不仅降低了其国内二氧化碳等温室气体的排放,实现了绿色发展承诺,为缓解气候变化做出了突出贡献,改善了国内国际环境,保障了国家能源安全;更是借此培育了国内的新兴产业,如:刺激了国民经济,创造了更多的就业机会和岗位;保障了国家能源安全,缓解了石油几乎全部依赖进口的困境。总的来说,德国政府通过具有前瞻性和计划性的规划,借助政府财政支持、能源市场投资、行业法律法规、行业技术创新、相关政策引导等手段促进了能源转型工作的开展,其成功的主要经验包括:

(1) 社会条件:群众鼎力支持,市场积极创新。

自"Energiewende"一词提出以来,德国政府采取大胆果断且富有决心的行动,将国家能源发展与环境保护纳入国家发展规划的主要对象。能源转型牵涉国家的方方面面,涉及每家每户,在德国这是一项自上而下的民主化运动。德国政府能源工作的开展以坚实的群众基础为支撑,拥有环保意识和可持续发展意识的德国群众给予了德国政府最大程度的理解和响应,无论何种执政联盟上台,德国群众都积极支持关于推动能源转型的计划安排和工作。从 2000 年德国开始使用可再生能源发电以来,尽管政府对可再生能源电力实施的各类财政补贴和其他能源电力附加费政策导致德国电价持续上涨,使得德国居民用电价格远超美国(是美国的 3~5 倍),成为欧洲用电成本最高的国家,但是德国居民依旧鼓励政府持续跟进能源转型工作,大力推动可再生能源的利用,并在日常生活中将绿色消费理念贯彻为绿色消费行动,德国

111

政府对可再生能源的发展力度和群众良好的环保意识备受国际社会称赞。

德国为了支持可再生能源的发展，发起了群众、厂商、政府层面的市场创新机制，即群众参与能源合作社、厂商进行商业创新、政府创建虚拟电厂。通过民间自发的资金投入，群众间可成立由 3 人以上合资的电力企业，这些企业在德国被称为"能源合作社"，能源合作社所发电力可被允许上网销售，以创造利润、刺激群众进入可再生能源市场，推进可再生能源市场的市场化进程。通过对企业商业模式的创新和产业链的延伸，德国能源企业将为市场提供综合性的能源服务，而不再是单一、传统的能源售卖服务，该服务将涵盖能源产业链的上、中、下游。通过虚拟电厂的建立，德国能源系统可在售能的基础上实现调峰功能，虚拟电厂是能源集成商，可再生能源的各类发电设备及储能设备将通过虚拟电厂与传统能源发电设备和储能设备融合，以实现可再生能源电力上网目标；虚拟电厂也是能源调度商，集成的可再生能源电力将在虚拟电厂信息的指导下与其他能源一起接受统一调度和分配，以满足市场各类能源的供需平衡。

（2）政策条件：政策灵活多变，法律法规完备。

德国政府通过价格机制、财政补贴、税收减免等手段发挥国家宏观调控效力。具体表现为：首先，在可再生能源发展初期，德国政府利用国家经济政策和强制性行政政策来刺激可再生能源的生产消费，抑制传统能源及核能的生产消费，并通过固定上网电价鼓励褒奖可再生能源的投资建设；通过增加石油、天然气和电力生态税和免征生物质燃料生态税，反向刺激生物质燃料事业，提升交通行业生物质燃料占比；通过强制关停火电厂与核电厂抑制核能、煤炭等高污染能源的生产消费；通过政府配额和替代履行制度等强制性措施要求各级电力供应商按规定溢价购买可再生能源电力。其次，政府利用各项经济政策的偏向呼吁群众及生产商对可再生能源投入更大的生产开发力度和消费偏好，利用财政补贴推进国内分布式可再生能源发电。另外，为了推进可再生能源入网工作，德国政府对可再生能源电力给予递减的上网补贴，以降低可再生能源市场的前期投资压力，以补贴递减唤醒可再生能源的市场性，实现"计划经济"到"市场经济"和"垄断市场"到"竞争市场"的关键性转变。

德国可再生能源法律法规体系是以 1991 年实施的《电力输送法》为引子、以 2000 年颁布并实施的《可再生能源法》为核心的一套优待和促进可再生能源发展的联邦法规体系。德国《电力输送法》从 1990 年着手编制后经历了两次修订（《电力输送法 1994》《电力输送法 1998》），其虽然已于 2000 年失效，但对可再生能源事业，尤其是风电事业的影响持续至今。《可再生能源法》则涉及能源改革的方方面面，是关于可再生能源的综合性法律，明确了国家的可持续发展战略和环境保护战略目标，要求到 2020 年德国国家全年发电量的 35％ 需由可再生能源发电提供，到 2050 年该比例需达到 80％。此外，针对可再生能源的具体利用，政府衍生制定了一揽子涵盖电力、供热、交通、建筑等关键环节的可再生能源用能法律法规，以确保可再生能源的投产使用（表 5-6）。

表5-6　德国可再生能源法律法规

行业	法律法规	内容	影响
电力行业	《电力输送法》	(1) 明确可再生能源电力的强制入网，强制各级电力供应商需按规定溢价购买可再生能源电力； (2) 各级电力供应商购电比例最高不超过所供总电力的5%； (3) 溢价额由上一年平均电价的一定比例确定	保障可再生能源电力成功入网
	《可再生能源优先法》	(1) 确定国家可再生能源发电目标——到2020年可再生能源发电量占全国发电总量的30%以上； (2) 进一步规定各级电力运营商对供电、输电、电力入网等工作的权利与义务； (3) 进一步规定可再生能源电力的价格和成本； (4) 初步明确电力新技术及产物的奖励制度	补齐《电力输送法》的短板，进一步推进风能、太阳能、生物质能等其他可再生能源发电事业
	《生物质能条例》	明确可再生能源发电中生物质能电力的地位和比例	促进生物质能发电事业市场化
供热行业	《可再生热能法》	(1) 明确2020年国内利用可再生能源供热比完成14%的目标； (2) 明确建筑供热用能可再生能源比例配额和替代履行制度	规定各类可再生能源的供热比例，促进可再生能源供热事业发展；调整可再生能源配额，满足市场需求；规定财政支持措施
	《新取暖法》	明确联邦政府对可再生能源供暖行业的财政补贴义务：2009—2012年每年为利用可再生能源取暖的德国家庭提供5亿欧元财政资助	借助政府财政支出扩张可再生能源的供热取暖市场

续表5-6

行业	法律法规	内容	影响
交通行业	《引入生态税改革法》	增加石油、天然气和电力生态税，免征生物质燃料生态税	反向刺激生物质燃料事业，提升交通化石燃料的生物质燃料占比
	《进一步发展生态税改革法》	(1) 详尽规定各类能源生态税税率； (2) 逐渐减少生物质燃料免税政策，逐步调整为生物质燃料配额约束	提升交通燃料中生物质燃料的占比，促进生物质燃料事业的发展
	《生物质燃料配额法》	(1) 完全取消生物质燃料免税政策； (2) 明确交通燃料中生物质燃料与化石燃料的混合比例，确定生物质燃料的市场份额	弥补生物质燃料过度补贴障碍，刺激并调整生物质燃料市场份额
建筑行业	《建筑节能法》	要求国内新建筑停止使用传统化石能源，强制使用可再生能源	实现建筑低碳化、节能化

（3）技术条件：可再生能源技术成熟，能源产业智慧发展。

可再生能源是德国能源的主要支柱，目前在德国超过 1/3 的电力来自可再生能源发电，可再生能源发电技术的先进与成熟是德国国家电力系统平稳运行的主要安全保障。低压配网端智能调容变压技术可实现自动调压、远程负控、三相有功不平衡调节、低压精细无功补偿等功能，允许可再生能源接入后在中压侧和低压侧各有 13% 和 11% 的电压摆幅，将接入容量提高了近 4 倍，保证了分布式可再生能源接入后电力系统的稳定性，从而允许更多的可再生能源接入配网中，减少配网扩建需求，以便在原有的变电站内及时增容；配网边沿电压控制技术可消除低压风险、减少电压波动、加倍降低能源消耗、提升电网运营的稳定性，并且能在可再生能源接入或波动的情况下实现稳压，保证电力系统的可靠性和稳定性；"本地化"储能技术可将剩余能源存储到大型电池和用户家中的小型电池中，这种电能存储工作方式可以减少大功率的电能传输和电网扩充需求，可在电力需求低谷时低价充电，在电价更高的需求高峰时段输出电能，针对可再生能源电力的波动性、季节性等特点，该技术还能利用存储的过剩的太阳能发电，以便在阴天时使用，并在断电时提供电力保障，有效降低分布式可再生能源电力对电网的波动冲击。

此外，作为全球工业化程度最高的国家之一，德国政府将能源技术创新视为实施能源转型革命的关键步骤，技术层面的德国可再生能源革命是大数据技术与能源技术结合的创新革命，这种创新通过电网、储能系统、可再生能源及"互联网＋"技术的融合构建了一个智慧高效的可再生能源技术体系，该系统是一个具有智能生产、智能消费、智能储存功能的自我能源调控系统。2008 年，德国经济技术部和环境保护部共同推出创新促进项目E－Energy（信息化能源）。该项目以确保分布式发电端与消费端供需平衡为基础，以构建能源自我调控系统为目标，将能源生产开发、运输运营、消费利用等全过程的相关信息融合到一个通用平台，为能源生产者、供应者、消费者的所有环节提供信息技术支持，以便各环节及时实现信息交互与共享，降低由能源系统信息不对称引起的成本支出，需求侧管理和储能设备可以通过平衡短期负荷来改善调峰系统，弥补可再生能源电力的不可预测性、波动性及周期性，从而实现能源系统的优化。

德国能源协会主席斯特凡·卡普费雷尔表示："尽管这一时刻的成绩喜人，但不能忽视德国能源转型面临的结构性问题。"他认为必须要加速发展可再生能源，才能完成国家的能源转型目标，才能保障德国的国际性承诺得以实现。

德国最新能源转型工作计划部署表明：能源利用方面，2030

年，德国需完成可再生能源发电量为全国能源发电总量 65％的总目标；二氧化碳排放方面，2030 年，德国需完成全国二氧化碳排放总量比 1990 年低 55％的总目标。

5.5.3 瑞典可持续发展革命

瑞典是一个典型的可再生资源丰富、化石能源匮乏的国家。瑞典地广人稀，国土面积 45 万平方千米，人口 1011 万，不生产石油、天然气，煤炭储量也极少，铁矿、森林和水力是瑞典三大主要资源。

第二次世界大战结束后，为了刺激国内经济发展和保障国民日常生活的需要，石油成为瑞典生产生活能源消费的主要来源，这种发展趋势带来的是瑞典对石油进口的高度依赖和高度集中，1970 年，瑞典石油消费量占瑞典国内能源消费总量的 75％。1973 年，第四次中东战争爆发，引发了第一次全球石油危机；1978 年，世界第二大石油出口国伊朗政局动荡，引发了第二次全球石油危机。两次石油危机导致全球石油产量骤减，石油价格猛涨，长期以来进口石油的工业国家的国民经济都受到严重影响，瑞典也是其中之一，其国民经济和民众生活因这两次石油危机受到巨大打击。因祸得福的是，瑞典从一种过度依赖的被迫局面反转为积极进取的主动局面，其政府将能源可持续发展战略作为国家能源发展的主要国策，主动发展可再生能源，以摆脱第二次世界大战以来对石油的长期高度依赖。

瑞典的可持续发展革命主要经历了以下阶段。

第一阶段（1970—1990 年）：以核能替代石油为主的能源转型。1970 年瑞典一次能源消费总量为 3765 万吨标准油。能源供应以油气为主，清洁能源比重仅 18％。20 世纪 70 年代的两次石油危机使得瑞典经济遭受沉重打击，瑞典开始实施以核能替代石油为主的第一次能源转型。事实上，瑞典核电起步较早，开始于

20 世纪 40 年代，并于 70 年代开始商业化运行。第一个特许建立的核反应堆 Oskarhamn 1 号于 1965 年被批准，于 1972 年投入商业运营。到 1990 年，瑞典一次能源消费总量为 4720 万吨标准油，其中，以核能为主的清洁能源占比达到 63%。从 1970 年到 1990 年，瑞典单位 GDP 二氧化碳排放量从 4.3 吨/万美元下降到 1.6 吨/万美元，下降近 65%。在高峰期，瑞典全国范围内有 12 座核电站，虽然核能为瑞典摆脱石油依赖、实现能源清洁化做出了突出贡献，但瑞典核能的发展并非一帆风顺。核能安全和核废料处理问题成为瑞典各政党产生矛盾的主要问题之一，对此各政党各执己见。在 1979 年美国三里岛核电事故后，瑞典议会根据当时公民公决的结果，同意启动当时所有在建及筹建核电项目，并寻求合适的核能逐步退出机制。

第二阶段（1990 年至今）：以促进生物质能利用发展和可持续发展为主的能源转型。在此期间，瑞典一方面逐步减少对核能的利用，停止任何核电站建设计划，提高核能税率，并要求到 2040 年关停瑞典国内所有核电站；另一方面，瑞典加大对生物质能和风能等能源的利用，特别是生物质能在电力、供热和交通领域得到大规模应用，使得能源供应进一步清洁低碳化，带动了工业、建筑、交通等环节的节能水平和增效质量的提升。2006 年，瑞典开启了"Oil Free"计划，计划目标规定：2020 年后，瑞典将在全国全面推行生物质燃料的使用，停止对石油燃料的使用，以此扭转国家对进口油品的依赖局面，并力争成为世界上首个无油的 100% 可再生能源国。2008 年，瑞典开启"Fossil Free"计划，计划目标规定：2030 年，瑞典交通行业全面停止利用化石能源作为动力的燃料消费；2040 年，瑞典完成"Oil Free"计划中成为 100% 可再生能源国的任务，并将于 2050 年实现零温室气体排放的目标。

在全球能源革命的浪潮中，瑞典属于走在前端且引起更大范围影响的"巨浪"。作为能源转型的引领国家，瑞典在 2019 年居全球能源转型指数之首，超过同为欧盟成员国的芬兰、丹麦、德国等国，实现了经济发展和能源消费、碳排放之间的脱钩。目前瑞典非化石能源占比超过 3/4，能源结构以核电、生物质能为主体，垃圾回收和能源化利用有独特优势。瑞典制定的中远期目标为：2040 年实现零核能，2045 年实现零排放，2050 年实现零化石能源社会。

瑞典取得可持续发展战略阶段性成功的原因可以归纳为以下几个方面。

（1）资源条件：重视各类资源，能源因地制宜。

地广人稀的瑞典拥有良好的自然资源禀赋和地理优势特征，这些资源禀赋和地理优势为瑞典"孕育"了丰沛的绿色能源，如水力资源和森林资源。水力优势是瑞典最重要的自然禀赋优势之一，瑞典境内不仅河流众多，且水量充沛丰盈，水流湍急迅猛，水力资源极为丰富。并且，其境内还拥有众多水位不同的大小湖泊，水位差越大越容易形成水势丰富的瀑布，便于水电站发电，目前水电资源是瑞典国内主要的电力资源之一。此外，瑞典还拥有丰富的森林资源，森林面积为全国国土面积的 57%，是名副其实的"森林王国""绿色天堂"，其森林资源得天独厚，各类木材则是可再生清洁能源生物质的主要组成部分，瑞典国内对生物质需求最大的环节是工业生产和生物质供热，此外交通领域各环节对生物质的消费需求的增长也愈发提升。瑞典借助其天然优势，因地制宜利用国土内的各类本地能源，促进了国内二氧化碳减排目标的实现，同时也降低了对化石能源的进口依赖度，进一步推进了对"Fossil Free"承诺的执行度。

在对得天独厚的自然禀赋资源加以利用的同时，瑞典政府更是将能源转型的工作范围拓展到了对各类资源的利用中，在瑞典人眼中"垃圾就是放错了地方的宝贝"。瑞典在垃圾回收及垃圾能源转化方面取得了异乎寻常的成功。在瑞典，垃圾的回收与处理分为了 5 个层次：预防、再利用、物质再生、能源转化、填埋。可以看出填埋是瑞典处理垃圾的最次要选择，其全国垃圾填埋率小于 1%，未被填埋的垃圾有 36% 被回收使用，14% 用作肥料，49% 在焚烧后转变为能源。收集后的垃圾通过燃烧或厌氧消化使垃圾中的能源得以开发为电能和热能，物料得以回收利用，仅余极少量无法利用的垃圾进行填埋。2016 年，焚烧炉产生的能源能够满足瑞典 20% 的城市家庭的供暖需求，同时为 5% 的家庭提供廉价电力。瑞典垃圾焚烧技术先进，垃圾焚烧厂清洁无味，粉尘全部吸附，二氧化碳排放接近于零。另外，瑞典还会征收高额的垃圾填埋税，2000 年每吨征收 250 克朗，2015 年每吨征收 500 克朗，2019 年以后增长到 520 克朗。目前，瑞典对国内垃圾的处理能力已超过了国内的垃圾产生能力，在垃圾处理领域，瑞典做到了世界前列。瑞典甚至还从临近的挪威、英国等国家进口垃圾，不仅向这些国家收取垃圾处理费用，生产出的电力还出口到邻近国家，实现了垃圾变能源。

（2）政策条件：相关政策立法先行，补贴及税收齐驱并进。

关于实施可持续发展战略，瑞典政府前前后后出台了各类直接、间接的政策措施及法律法规，出台相关法律政策和经济政策是瑞典政府执法过程中最常用的方法。一方面，作为欧盟成员国之一的瑞典，许多法律法规起源于欧盟，是欧盟法律的分支和体现，譬如《成品油质量标准法》《交通工具排放标准法》等。另一方面，基于本国实际情况，瑞典当局也出台了很多符合国情的环境保护法、能源生产消费法等，保障了瑞典可持续能源革命的推进。

法律政策方面，立法先行是瑞典能源完成可持续发展目标、实现"Fossil Free"和能源独立的最显著特点。20 世纪 70 年代，瑞典政府就颁布了一系列强制性的有关能源合理化使用和节能的法律、法规，并随着技术的发展不断对其进行修订完善，以此来指导、规范企业的行为。为保证所制定的法规得以执行，政府还制定了许多具体可行的监督措施和必须执行的行业标准。以《自然保护法》《环境保护法》《废物管理法》为中心的环境法律制度要求瑞典国内新建及在建的主要基础设施在建造中必须符合环境和碳排放标准要求，达不到标准的项目不允许开工。此外，对于新建建筑，也有严格的单位平方米年能耗限额，不满足标准的建筑不能施工。建筑和土木工程部门的主要参与者已经配备了排放量和既定碳排放目标的行业法规。法规规定：2025 年，温室气体排放量明显呈下降趋势；2030 年，温室气体减少 50％ 排放量；2040 年，温室气体减少 75％ 排放量；2045 年，温室气体净零排放。

财政政策方面，二氧化碳税、垃圾填埋税收、环保汽车补贴与优惠、环境税、新能源补贴税、能效补贴、绿色电力认证系统等措施是瑞典政府推进可持续发展革命最主要的财政工具。瑞典自 1991 年起针对国内企业及个人征收高额的二氧化碳税，征收范围是除发电外的用于其他作用的化石能源消费，目的是规范国内因传统化石能源消费而产生的二氧化碳排放量，并反向刺激生物质能和其他可再生能源的生产消费。瑞典高额的二氧化碳税消减了瑞典工业企业对传统化石能源的长期依赖性，降低了交通领域二氧化碳的排放水平。此外，对于可再生能源使用环节的各项消费税的减免和财政补贴更是加速了瑞典可再生能源社会的建设，成为消费者选择可持续低碳能源的最佳价格信号，如降低环境友好型汽车购置税、免除绿色汽车的停车费、对新能源汽车车主给予补贴、对低碳技术减免税收等。此外，瑞典企业界与政府一起对能源领域进行了大量研发投入，保障了其能源技术领先于世界。瑞典的企业、公民和政府都在能源体系建设中做出了各自的贡献，各种政策的相互补充、相互协调与公民的积极参与为瑞典可持续发展战略注入了活力,指明了希望。

(3) 社会条件:公众主动参与,全民积极拥护。

在瑞典,减少温室气体的排放不再被视为负担,而是一种自然增强竞争力的有效途径。在国家政策和国际形势的引导下,瑞典全国境内对于放弃化石燃料、回归绿色生活的呼声愈演愈烈。目前,瑞典超过 400 家公司、市政府、地区和组织掌握了以可持续发展革命为重心的"Fossil Free"行动的主动权,航空工业、水泥工业、建筑和土木工程部门、钢铁工业、供热部门、道路运输部门等主要依赖化石能源功能的相关商业部门自发地制定了"无化石燃料行业路线图",这些业务部门通过自发的技术资金等的主动投入,探索了它们将如何实现"Fossil Free"、需要开发哪些技术解决方案、需要进行哪些投资、需要清除什么障碍、需要从哪些角度切入可持续发展的问题。

此外,成功的企业和项目使公司或市政当局减少了化石能源的使用和温室气体的排放。瑞典企业、市政当局和组织在可持续发展革命中表现出坚定的信念和卓越的领导才能,使瑞典社会倡导的"Oil Free""Fossil Free"成为可能。为了提升可持续发展革命的全面参与力度和降低可持续发展革命的民众参与门槛,无化石燃料行动对瑞典市政当局、地区、组织以及旨在逐步淘汰化石燃料的公司提出了四项挑战(图 5—7)。此四项挑战专注于具体可行的行动和可执行的相应组织,以帮助瑞典国内减少碳足迹。社会及相关机构不仅负责参与上述挑战,更负责对上述挑战进行监督,接受挑战意味着参与者们可自由设定一个能实现的目标,并由公众、政府机关及行业组织努力监测实现这一目标的进展,但不会对未履行目标的参与者实施任何制裁。在每一个挑战项目中,聚集的大量社会民众参与者、政治家、行业专家和其他组织彰显了瑞典全国对践行可再生能源革命重要计划项目的雄心壮志。该行动吸纳了社会各行各业较成功人士作为改革的主要驱动力，其他人跟随改革的步伐也愈发紧密，参与改革的门槛也随之降低，可再生能源革命成为一项瑞典全民皆可参与的国家战略计划。瑞典各行各业人民对能源转型工作的全力支持和主动参与，为我们展示了一个远离化石燃料进行生产生活的社会的可能性，无化石燃料的可持续发展战略不是人类生产生活与社会进步的对立面，而将是一种新的探索方向，是帮助瑞典及全球逐步远离化石燃料的根本力量。

表 5—7　瑞典无化石燃料挑战项目

序号	挑战项目	挑战目的	参与对象
1	无化石燃料运输挑战	制定 2030 年前国内运输无化石燃料的目标，并按照计划时间执行	瑞典境内自愿参与的所有公司、市政当局、县议会和其他组织。上述组织自行开展的旅行、运输和采购活动都包括在"无化石燃料运输挑战"这一项目范围内
2	太阳能挑战	2020 年前安装太阳能电池板，并履行曾承诺的装机容量	瑞典境内自愿参与且已经安装了太阳能电池或者计划在 2020 年之前这样做的任何公司、市政当局、地区及其他社会组织
3	内部旅行税挑战	为温室气体排放量高的商务旅行设定内部价格，并将这笔钱用于内部或外部气候项目	瑞典境内自愿参与挑战的公司、市政当局、县议会和其他社会组织
4	汽车挑战	公司购买或租赁的所有公司汽车应为电动、插电式混合动力汽车或沼气汽车	瑞典境内自愿参与的各企业，企业购车占瑞典所有新车购买量的 50%。因此，特别重要的是，瑞典公司需要购买绿色汽车，以便拥有一个无化石燃料车队；同时鼓励其他社会组织及个人的参与

目前，欧盟 27 个成员国中，瑞典的清洁能源比例最高，已经超过 50%，而且早已超出原定目标。坚持可持续发展道路的瑞典政府及公众坚信：在未来，瑞典会有比石油更好的替代能源。汽车、轮船甚至飞机，将不再用汽油或柴油作为动力，家庭取暖也不再使用石油供暖。在较为严苛的碳减排和能源目标的指导下，在社会全体的共同参与下，在国家政府及社会公众的监督管理下，瑞典可持续发展革命取得骄人成绩，能源系统转型步伐不断加快，实现了能源消费与经济发展之间的脱钩。近 20 年来，瑞典国民生产总值增长 44%，但温室气体排放量却降低近 9%，完成了能源生产消费结构清洁、低碳和高效化的目标，缓和了经济发展与环境保护、气候变化间的长期矛盾，同时坚持可持续发展战略、发展清洁能源，也给瑞典创造了更多就业机会，使瑞典成为全球能源转型的领跑者和佼佼者。

5.6 四川省绿色发展与现代能源体系构建的实现路径

5.6.1 能源因地制宜，资源就地取材

（1）针对水能资源。四川省水资源极为充沛，水资源理论蕴藏量位居全国第二，水资源技术可开发量位居全国第一，水资源经济可开发量位居全国第一。四川省境内遍布河川、湖泊、冰川、沼泽，水资源总量达 3489.7 亿 m^3，多年平均降水量高达 4889.75 亿 m^3。虽然四川省水资源总量丰富，人均水资源占有率高于全国平均水平，是全国最大的水电开发和西电东送基地，但根据其地区资源禀赋条件来看，四川省水资源呈现了明显的时间分布不均和空间分布不均的特征。从时间角度看，四川省河川净流量（占全省水资源总量的 73%）主要集中在夏秋两季，即 6—10 月。针对这种由能源资源自身季节性动态变化对生产生活

造成的影响，可就地建立储蓄水库，合理配置能源。一方面，可在丰水期储水，减少自然灾害，保障用能高峰期的资源调度；另一方面，可在枯水期放水，调节水资源时间分配不均衡问题。从空间角度看，四川省水资源主要来源于川西南山地区的大渡河、金沙江、雅砻江三大水系，约占全省水资源总量的 67%，目前雅砻江已建成全亚洲现存最大水电站——二滩水电站。四川省应当正视上述三大水系的地理战略位置，积极落实雅砻江水电基地、金沙江水电基地、大渡河水电基地等重点水电基地项目，稳步推进水电开发，坚持以水电为主的能源开发方针，着力调整优化水电开发结构。此外，四川省还应积极推进雅砻江等流域的风光水电多能互补开发示范，探索新能源开发与水电开发协调发展，满足省域内电力平衡及打捆外送的有效途径，科学有序发展新能源，充分发挥风、光、水清洁能源的资源优势，利用地理互补特性，依托流域梯级水电的调节能力和输出通道。

（2）针对煤炭资源。四川省现存煤炭资源 122.7 亿吨，从地域分布上看，煤炭产地主要分布在宜宾、泸州、广安和达州四地，这四个地区的煤炭资源占全省煤炭资源总量的 80%。其中更主要的是泸州和宜宾两市，这两个地区均是川南煤田所在地，川南煤田煤炭探明储量为四川省煤炭探明总储量的 70%。从资源质量上看，四川省虽然煤炭资源种类齐全，但煤炭资源质量较差，灰分含量以及含硫量普遍较高，开发难度非常大。因此，四川省应推动煤炭安全绿色开采、清洁高效生产、清洁高效利用，并积极开发煤层气，同时，还应推动煤电高效清洁改造，按照国家有序发展煤电的要求，控制煤电发展规模，淘汰落后、危险、低产煤矿，严格落实煤矿审批、投产开采等相关制度。

（3）针对石油资源。一直以来我国原油进口依存度居高不下，四川省作为产气大户，天然气年产量颇丰，但原油年产量非常小，油田贫瘠，主要是一些含油气田，出油率低，每年为 15

万吨左右，无法满足省内正常用油需求。因此，四川省在对现有油田加大开发力度的同时，可主要注重油品质量的升级、石油资源的清洁化利用以及石油管道的建设，以提升成品油输送能力。

（4）针对天然气资源。四川盆地天然气资源丰富，应以页岩气为主大力发展清洁气体能源。页岩气是四川省确定的五大高端成长型产业，要大力发展页岩气产业，重视页岩气重点建产区（长宁勘探开发区、威远勘探开发区、昭通勘探开发区、富顺—永川勘探开发区、黄金坝—紫金坝—大寨勘探开发区），针对犍为、荣县、内江、威远等页岩气待开发区加大勘探开发投入力度。同时，还应重视常规天然气和页岩气勘探开发的统筹推进，加快推进川中、川西和川东北常规天然气勘探开发及川南页岩气资源调查和勘探开发。另外，还应扩大天然气供应范围，通过天然气管网延伸、天然气液化储存及长途运输等方式及建设压缩天然气（CNG）母子站、液化天然气（LNG）/液化－压缩天然气（L－CNG）加气站等措施，解决省内尚未使用天然气地区的天然气利用问题。

（5）针对风能资源。总的来说，四川省是我国风速相对较小的地区之一，从平均风速和平均风功率来看，四川省风能资源呈现盆地较小，西北部高原、西南部山区及东部部分地区较大的特点；从地理空间来看，四川省风能资源丰富地区主要是川西高原、盆周山区、西南山地等地区。为推动风能资源的开发，应继续对这些资源丰富但海拔、地形等不利于大规模勘探开发的川西高原、西南山地和盆地等区域进行深入探究，尤其重点关注开发要素良好的潜在风能资源地——凉山州。

（6）针对太阳能资源。太阳能是一种高效的可再生清洁能源，目前地区太阳能利用主要集中在太阳能和太阳灶的使用上，截至 2017 年，位于盆地地区的成都市居民生活太阳能用能推广取得一定进步，共推广太阳灶超过 50000 个、太阳能热水器

26000 台。成都市位于四川盆地的平原地带，总的来说太阳能资源并不占据地理优势，而在太阳能资源丰富的其他地区，其太阳能开发却不尽如人意。川西高原是四川省太阳能资源最为丰富的地区，天气晴朗，日照充足，年日照时数为 1600～2600 小时，主要高值区集中在甘孜、石渠、理塘、巴塘、稻城及攀枝花等地区，借助高原日照时间长、云层稀薄等地理区位优势以"三州一市"——甘孜州、阿坝州、凉山州、攀枝花市为太阳能资源开发主战场，加大川西部地区尤其是交通不便且远离电网以及电网尚且无法达到的偏僻地区的太阳能开发力度，推进光伏发电。

（7）针对地热资源。四川省地热能开发和利用的进度相对缓慢，开发潜力较大的地热田一般出现在偏远的高原山区，如川西高原的德格—巴塘—乡城地热带、甘孜—理塘地热带、炉霍—康定地热带等。由于地热资源可输送性比较低，输送高温热水的极限距离约 100 千米，天然蒸汽的输送距离大约只有 1 千米，故对地热能开发投产的第一方式是使地热能就地转变成电能；第二是直接向生产工艺流程供热，如蒸煮纸浆、蒸发海水制盐、海水淡化、各类原材料和产品烘干、食品和食糖精制、石油精炼、生产重水、制冷和空调等；第三是向当地生活设施供热，如地热就地采暖以及地热就地温室栽培等；第四是农业用热，如土壤加温；第五是提取某些地热流体或热卤水中的矿物原料；第六是医疗保健，这是人类最古老也是一直沿用到现在的医疗方法，地热浴对治疗风湿病和皮肤病有特效。

（8）针对生物质能资源。四川省生物质能资源较为丰富，生物质能资源是偏远落后地区及农村能源建设和发展的优势资源，主要包括薪柴、农作物秸秆、人畜粪便、农村生产生活垃圾等，每年可开发利用的人畜粪便 3148.53 万吨，农作物秸秆 4212.24 万吨，薪柴 1189.03 万吨。根据具体情况来看，四川省的农作物秸秆资源主要是由种植小麦、玉米、稻谷、豆类等农作物而产生的，种植这些农作物的地区主要集中在川东北部和川西南部，如宜宾、泸州、自贡、成都、绵阳、遂宁、巴中、攀枝花等地。由于农村用户多不愿花费额外的成本将农作物收获后的废弃物运输到更远的集中区域进行加工处理，因此对这些地区可采取就地取材、优势发展的战略，开展建设秸秆还田、秸秆沼气发电、秸秆直燃发电、秸秆饲料等项目。经过氨化反应加工调制的秸秆饲料的口感和营养（粗蛋白）都优于一般饲草，有利于畜牧业发展。以人畜粪便和农村单独家养的肉猪、肉牛、肉羊及家禽等牲畜的粪便为主要来源的可满足少部分家庭燃气需求的局部沼气项目可减少因直接燃烧粪便对大气环境造成的污染，这种以家庭为单位的牲畜粪便沼气项目无须大规模集中处理，因而不具备良好的经济价值，更多地体现为农村居民所发挥的环保价值。需要进行大规模处理利用且具有一定商业价值的牲畜粪便项目主要集中于成都、广元、巴中、达州、南充、绵阳、遂宁等地的畜牧养殖场，这些地区可开展养殖场沼气工程，维持养殖场能源的自我供给，甚至实现养殖场沼气项目对附近区域的供能作用。此外，沼液浸种技术对农作物培育具有积极作用，有利于农作物产量的提升，而对于无太多地理分布特征的农村生产生活所产生的其他垃圾也可利用集中填埋、储存堆沤或沼气工程等方式加以利用。另外，还可以通过改厕、改厨、改圈等改建措施，把农村的"三废"（秸秆、粪便、有机垃圾）变成"三料"（燃料、饲料、肥料），通过变废为宝，引导农民将生产与生活、种植与养殖有机联结起来，实现农业资源的再生增值和多级利用，从而促进农村生产、生活、生态的协调发展。

"能源因地制宜，资源就地取材"关注的是将传统化石能源和现代清洁能源资源的利用效率和利用空间发挥到极致，以最合理的资源配置和最小的成本带来更好的消费者体验，打造更加低碳清洁、经济有效的四川省能源体系。

5.6.2　能源智慧发展，提升用能效率

随着全球科技革命及能源革命的推进，科学技术日新月异，现代化能源体系不断完善，能源发展模式从资源要素驱动进一步向创新驱动靠拢，能源发展动力转换加快。以能源技术智能化和能源生产消费模式智能化为两大主要目标的能源智慧发展改革在全球范围内愈演愈烈，是构建现代化能源体系、提升用能效率、培养用能新增长点的重要途径。

一直以来，传统能源技术的作用范围往往局限于某种具体类型的能源，很难应用于其他类型的能源。当前的能源和环境目标是将不同来源的能源完全结合起来，并重点考虑可再生能源，这种结合不能被视为某环节的独立研究，它是一个全产业链的综合研究，如果不能很好地跨越现有能源技术间的鸿沟，能源的发展依旧各自独立，那么现代化能源体系的智慧化发展将受阻。能源技术智能发展将有望打破传统能源应用体系中各类能源各自独立的界限，实现相关能源在各自能源领域的"自我平衡"与综合能源领域的"联动平衡"。一方面，能源技术智能化的"自我平衡"体现在能源生产消费技术本身的发展与改革，如太阳能、风能、水能、新能源汽车等技术的日趋成熟，氢能燃料电池、大规模储能、第四代核电、电能替代等技术在不久的将来有望取得突破。近年来，我国针对能源技术改革与创新完成了关键技术、重大装备、重大示范工程的突破，《国家"十三五"能源发展规划》对能源技术创新做出以下指导：各省市、各地区需加强对煤炭绿色无人开采、深井灾害防治、非常规油气精确勘探和高效开发、深海和深层常规油气开发、新型低阶煤热解分质转化、绿色煤电、生物航空燃油、核电乏燃料后处理、新型高效低成本光伏发电、光热发电、超导直流输电、基于云技术的电网调度控制系统、新能源并网技术、微网技术、新型高效电池储能、氢能和燃料电池

等技术的集中攻破。在国家政策的引导下，四川省一直坚持以非常规油气勘探开发、第三代/第四代核电技术、新型高效低成本光伏发电、燃气轮机、高效电机、超临界燃煤高效发电机组、节能/超低排放型超临界循环流化床锅炉、大型压缩/液化天然气（CNG/LNG）成套设备、低速高海拔风电机组、特高压输变电、柔性输变电、大规模储能电池等技术的研发制造为重，集中攻关短板环节，大力突破关键技术、材料和零部件瓶颈，能源技术的不断创新与攻破将帮助四川省找到更符合其特色的能源开采技术和生产开发装备。另一方面，能源技术智能化的"联动平衡"体现在能源技术与跨领域技术的融合与催化、如：能源产业与信息系统的融合与催化（信息通信技术、大数据技术、能源区块链等）、能源产业与输送系统的融合与催化（电网、油气管道、道路运输等）、传统能源产业与新能源产业的融合与催化、能源产业与其他产业的融合与催化（材料、生物等）。这种跨领域的技术融合与催化在更大范围内将涉及能源产业与其他各类产业的技术交互及合作，这类技术可以是传统意义上的能源技术，可以是现代意义上的新能源技术，也可以是与能源产业业务活动相关的其他技术。这些融合与催化将为能源技术开拓新的研究方向，促进新兴领域技术的深度融合，保障能源与信息系统、输送系统等基础设施的规范建设，促进能源生产、运输、消费和储存系统的协调发展，为能源技术智慧化发展提供动力。

新形势下，新城镇、新农村成为用能主要增长点，绿色低碳和高效智能将成为全社会对能源供给品质的新要求。我们既要重视正在全球范围内如火如荼开展的能源技术智慧化革命，也要强调能源生产消费模式绿色低碳化和高效智能化发展的重要性，通过新理念、新技术、新产业在新形势下的不断发展与突破，反向助力能源生产消费模式的转变。反向助力点可从下述几个方面切入：①促进智能电网、智能微网、电动汽车以及大规模储能等各种新技术的发展，积极推进智能变电站、智能调度系统建设，扩大智能电表等智能计量设施、智能信息系统、智能用能设施应用范围，在具备条件的城镇地区实施以智能电网为基础，与天然气管网、电动交通网络等互联互通，冷、热、电、储气、氢能等多种能源形态协同转化的生产消费模式创新。②加快分布式能源的广泛利用，满足用户多种需求的能源梯级利用，分布式发电的能耗低、可靠性高、启停快捷、效率高、排放低，是提高能源利用率、降低供电成本和保护生态环境的重要措施。在世界发电燃料结构中，分布式能源以天然气发展最快，其综合能源利用效率在70％以上，并可在负荷中心就近实现能源供应，该方式是天然气高效利用的重要方式，是当今世界高能效、高可靠、低排放的先进的能源技术手段，现在很多工业园区都愿意选择这种经济高效的方式。能源体系的分布式转型是一种必然，而能源互联网恰恰是这个即将到来的可再生能源时代的运行机制和操作系统。它起到的关键作用是成功应对了分布式能源的波动性、碎片化和无序化的挑战；同时，互联网进行万物互联之后，可以使智能用电设备进行实时智能的交互和调度。③发展供能用能新模式，实施终端一体化集成供能工程，推进电力、热力、燃气等不同供能系统统筹发展，因地制宜推广天然气热电冷三联供、分布式再生能源发电、地热能供暖制冷等多能互补、集成优化的供能模式，促进能源梯级综合利用，提高能源综合利用效率。④完善能源管理体制机制，为能源新技术、新产业、新业态、新模式的发展拓展市场空间，创造良好政策环境。形成完备的能源市场体系和价格机制，推动形成新技术、新产业的商业化运作机制，开展售电业务和增量配电业务放开改革，加强能源需求侧管理，积极推行合同能源管理、综合节能服务等市场化机制和新型商业模式，增强能源生产、输送、消费各环节以及各方市场主体的互动响应能力。⑤重视能源开发的智慧化布局，以增强能源系统整体产能效率为目标，重视各类能源生产开发技术的更新换代，改善可再生能源消纳困境及传统能源生产开发矛盾等问题。此外，加强智能化能源系统调峰储能设施设备的研发建设，利用"互联网＋"能源项目促进供需双侧的信息共享，从供需双侧弥补信息不对称引起的能源浪费现象，强化电网与发电侧、需求侧的交互响应能力，着力构建多能互补、供需平衡、绿色低碳的现代智慧能源体系。

能源智慧化建设涉及能源产业的各个领域、各个环节、各个层次。面对这场智慧化改革，四川省能源产业将会迎来一次全新的挑战和转变。能源的智慧化发展既是推动能源革命的新动能，也是能源革命的新目标。因此，必须在以能源智慧发展推动能源革命的同时强调以能源革命深化能源智慧发展。在此背景下，四川省未来的能源发展模式必将是资源多元化、来源本地化、技术智能化、利用高效化、使用低碳化的新型生产消费模式。

5.6.3 清洁气体优先发展，天然气"替煤代油"

从地层中抽采的天然气的主要成分是甲烷，另外还含有乙烷、丙烷、丁烷等烃类气体，以及氮、二氧化碳、硫化氢和微量氢、氦、氩等非烃类气体。一般气藏天然气的甲烷含量在90%以上。油田伴生气中甲烷含量占65%～80%，另外还含有相当数量的乙烷、丙烷、丁烷等烃类气体。天然气作为绿色、清洁的气体能源，对于推进四川省现代能源体系建设工作具有解决空气污染问题、提高能源使用效率、促进化工产业发展等优势。

5.6.3.1 解决空气污染问题

天然气最有价值的市场在城市，城市中的家庭和汽车对能源的消耗量很大：城市化程度越高，能源消费就越大。降低汽车尾气污染物排放、提高城市天然气利用效率是解决城市空气污染问题的重要途径。使用天然气汽车是解决城市空气污染问题的一个重要方式，在目前石油资源仍然很丰富的情况下，天然气汽车无法完全取代燃油车，但是天然气汽车的发展对解决城市问题起着决定性作用。此外，天然气燃点高、无毒、比空气密度小、易扩散，若发生泄漏，易在空气中散发，引发各类事故的概率相对较小。另外，天然气几乎不含硫、粉尘和其他有害物质，也不含有一氧化碳，不会引起一氧化碳中毒。可见，天然气的使用可以从根本上改善环境质量。

5.6.3.2　提高能源使用效率

天然气燃烧热效率高，在标准大气压下 1 立方米天然气燃烧产生热量 8500 大卡，比煤和石油高，且其气质稳定、燃烧充分，燃烧后排放的污染物也较其他燃料少，是公认的最清洁的能源。目前天然气发电的新技术是利用天然气燃烧时产生的热气来推动涡轮机，然后利用涡轮机排出的高温烟气使水变成水蒸气来推动汽轮机发电，这就是联合循环发电，效率较高，可达 58%。天然气发电技术已相当成熟，不少地方已将该技术投入运转。

分布式发电的能耗低、可靠性高、启停快捷、效率高、排放低，是提高能源利用效率、降低供电成本和保护生态环境的重要措施。在世界发电燃料结构中以天然气发展最快，天然气可用于热电联产、热电循环发电和冷热电联产。

5.6.3.3　促进化工产业发展

全球以天然气为原料生产的合成氨和甲醇的产量分别占到这两种产品产量的 85% 和 90%，构成了天然气化工利用的核心。

5.6.3.4　天然气是通往氢能时代的桥梁

人类对能源资源的要求是高热值、对环境有利、高氢化和低碳化。燃料电池是唯一同时兼备无污染、高效率、适用广、无噪声、具有连续工作和积木化的动力装置，必然会给汽车动力带来一场革命，预计今后燃料电池会在国防和民用的电力、汽车、通信等多领域发挥重要作用。天然气中的甲烷推动了这一进程，最终可达到氢能经济时代。氢能的吸引力在于高效和清洁，可大大减少温室气体排放，而且可以利用多种能源进行生产。

气体清洁能源支持是现代能源体系建设的核心特征之一，是实现能源体系绿色低碳的主要保障之一。四川盆地是我国天然气生产的主力地区，其页岩气资源量为 27.50×10^{12} m³，占全国的 20.46%，页岩气可采资源量为 4.42×10^{12} m³，占全国的 17.67%。国内的页岩气产业从中国石油西南油气田公司的长宁—威远页岩气区块起步，拥有第一口直井、第一口水平井、第一口工业气井等 10 多项国内第一，形成了优选生产建设区块、部署井位的页岩气综合地质评价技术以及页岩气水平井体积压裂、水平井组工厂化作业等 5 项技术，实现了国家级页岩气示范区的建设目标。四川省常规天然气资源量为 12.07 万亿立方米，页岩气资源量为 27.5 万亿立方米。截至 2017 年底，四川省天然气累计探明储量 3.22 万亿立方米，其中常规天然气 2.9 万亿立方米，非常规天然气 0.32 万亿立方米。近年来，四川省天然气产量持续增长，2017 年全省天然气产量达到 282 亿立方米，比 2011 年增产 133 亿立方米，增幅达 67%，天然气市场潜力巨大，这一巨大的需求潜力必须转变为有支付能力的市场。根据四川省统计局统计，物质生产部门的 65 个行业中，有 52 个行业使用天然气，占行业总数的 80%；非物质生产部门的 26 个行业中，有 22 个行业使用天然气，占行业总数的 85%左右。这说明耗气量大的行业和企业基本上是四川省的重点行业和企业，是关系到国计民生的优势产业。随着四川天然气产业的发展，全省围绕天然气的利用形成了一批有一定规模和实力的企业及有市场竞争力的产品，主要集中在煤电、建材、化工、交通、民用、冶金等行业。天然气与四川省产业关联度超过 80%，在一次能源消费结构中的比重约为 12.68%，远高于全国 7.3% 的平均水平。天然气代替煤炭和石油成为四川省优先发展能源，能够在很大程度上解决环境问题，它也是四川省实现技术创新、经济增长的终极目标。

（1）天然气"替煤代油"的环保可行性。

天然气对四川省现代能源体系的建设工作意义重大，因其在燃烧过程中几乎无烟尘，CO、SO_2、CO_2、NO_x 排放量远远小于煤与石油的排放量，对温室效应的影响仅为油的 54%、煤的48%，产生的 CO_2 排放量基本可以通过光合作用达到平衡，对于"温室效应"的影响微乎其微。因此，相比煤和石油，天然气是一种清洁的"绿色燃料"，见表 5-8，使用天然气比使用煤和石油减排了大量的 CO、SO_2、CO_2 等，这将更加有利于环境保护。

表 5-8　吨油当量天然气"替煤代油"等热量减排比例

序号	排放物	煤炭/%	石油/%
1	CO	90.2	85.7
2	CO_2	25.8	52.1
3	SO_x	100	100
4	NO_x	33.3	63.6
5	粉尘	100	100

（2）天然气"替煤代油"的技术可行性。

表 5-9 用以展示四川省排名靠前的六大耗煤、耗石油的行业"替煤代油"的技术可行性，包括：煤电行业、建材行业、化

工行业、交通行业、居民用煤、冶金行业。通过对上述行业能否使用天然气作为燃料为生产生活提供对应保障的研究，笔者认为只要该行业在管道天然气与 LNG、CNG 中有一项可使用，则最终该行业"替煤代油"技术即可行。在六大主要耗煤行业中，只有冶金行业"替煤代油"技术暂时不可行，其余大部分行业的改造技术已经日趋成熟。

表5-9　"替煤代油"技术可行性分析

行业	主要产品	能源使用方式	替代对象	分布区域	管道天然气	LNG	CNG	结论
煤电	电力	燃料	煤炭	成都等	√			技术可行
建材	陶瓷	燃料	煤炭	夹江等	√	√		技术可行
	玻璃	燃料	煤炭	成都等	√	√		技术可行
	水泥	燃料	煤炭	青白江等	√	√		技术可行
化工	化工产品	原料	煤炭	泸州等	√			技术可行
					√			技术可行
交通运输	船舶	燃料	柴油汽油	乐山等		√		技术可行
	重卡			绵阳等		√		技术可行
	家用轿车			全省		√	√	技术可行
	城市公交			全省			√	技术可行
民用	生活	燃料	煤炭	全省	√			技术可行
冶金	钢铁	燃料	煤炭	攀枝花等				—

（3）天然气"替煤代油"的经济可行性。

要综合考虑"替煤代油"的经济效益合理性，就要涉及"煤、油、气"三种能源热值、平均市场价格、热效率以及单位等热值价格的比较（表5-10）。

表5-10　四川省"煤、油、气"经济性比较

能源种类	热值	平均市场价格	热效率/%	单位价格热值/（kcal/元）	单位热值价格/（元/kcal）
柴油	10300kcal/kg	6.0元/kg	80%	1373	0.000728
汽油	10200kcal/kg	6.5元/kg	80%	1255	0.000797
煤炭	5000kcal/kg	0.6元/kg	60%	5000	0.000200
天然气	9000kcal/Nm³	2.0元/Nm³	90%	4050	0.000247

从热量来看，按照天然气的实际发热量计算，1000m³天然气热值相当于6.6吨桶石油，那么500亿m³天然气相当于4655万吨原油，与我国共消费石油3亿多吨相比较，天然气仍是一个强有力的替代能源。同理，1000m³天然气相当于1.257吨标煤的发热量，与煤相比，天然气热量几乎高出1倍。

其次，从平均市场价格来看，油价最高，天然气次之，煤炭排在末位。

从三种能源的热效率来看，天然气利用效率最高，汽油与柴油次之，煤炭最低。这说明燃烧天然气损失率低，传导效率高。由此可看出，柴油、汽油的热值虽然高，但其热效率不如天然气，天然气"替煤代油"的经济性优势凸显。

在不考虑环境效益的情况下，柴油、汽油、煤炭、天然气的单位热值价格比较结果中，煤炭的单位价格热值最高，约为天然气价格的1.23倍；汽油的单位价格热值最低，约为天然气的34%；柴油单位热值价格与汽油差别不大，都比天然气单位价格热值低，使用天然气比使用柴油或者汽油在成本上可节约25%～35%，所以仅通过单位价格热值比较煤炭、汽油、柴油与天然气的经济性，就可得出煤炭和天然气在价格上优势明显，因而推行天然气"替煤代油"具有较强的经济可行性。

因此，四川省应利用天然气清洁低碳的自身资源优势及四川

省资源禀赋优势，充分把握现阶段和未来的天然气发展机会。这种发展不仅要求对现阶段传统天然气业务进行巩固，结合川东北、川西、川南及三州（甘、阿、凉）等地区市场特点，构建结构合理、稳定和多元化的管道燃气项目，更要鼓励相关部门积极拓展天然气在未来的其他发展机会，进行产业链的衍生，为产业拓展开辟新思路。总的来说，现阶段天然气的发展机会和用途主要可归为两类：①根据天然气的主要组成成分及其部分性质可知，天然气具有可燃性，因此可以作燃料；②由于天然气的组成元素是很多化学化工产品包含的元素，因此天然气又可作为很多化学化工产品的原料。以下对天然气的几种利用方式做一个详细介绍。

一是天然气发电。

2016 年以来，受气价下调影响，多个天然气分布式能源项目运行效益较好。同时，上海、长沙、天津、青岛等多地政府对天然气分布式能源项目进行补贴，推动了天然气分布式产业发展。江苏南京、四川南充、廊坊新朝阳区等地的多个天然气分布式能源项目投产，长沙新奥浏阳天然气分布式能源项目开建，江苏徐州、重庆等地的天然气分布式能源项目获批准。

天然气是一种高效、低碳、清洁的优质能源。在发电和工业燃料领域，天然气热效率比煤炭高约 10%，天然气冷热电三联供热效率较燃煤发电高近 1 倍。天然气的二氧化碳排放量是煤炭的 59%，燃料油的 72%。大型燃气—蒸汽联合循环机组二氧化硫排放量几乎为零，天然气工业锅炉的二氧化硫排放量是超低排放煤电机组的 73%，天然气工业锅炉的氮氧化物排放量是煤炭锅炉的 20%。另外，与煤炭、燃料油相比，天然气排放无粉尘。

天然气发电具有极优的调节能力，可与可再生能源形成良性互补。可再生能源受技术、成本、储能等多种因素的制约，客观上需要相当规模的可灵活调节的电源与之相匹配。天然气电厂具有启停迅速、运行灵活的特点，气电与风电或光伏发电建立有机配合的"风气互补"或"光气互补"联合机组，可有效解决目前的弃风弃光问题，提升发电机组的总处理水平和电网运行可靠性，因此与天然气协同发展成为未来中国大规模发展风电和光伏发电的重要途径。

二是天然气作工业燃料。

天然气作为一种理想燃料，在工业制造中一直颇受重视，广泛应用于工业中的各个行业和部门。尤其在近几年，国家政策重视创新创业，国内的工业发展极为迅速。天然气作为燃料，可通过燃烧直接提供工业生产所需要的热量或者间接提供生产所需动力。与现今工业的主要燃料——煤炭相比，天然气具有更加环保、高热值的优势。因此，工业中"煤改气"是一个多赢的举措。据统计资料，四川省现在用煤数量占前列的行业有煤电、建材、化工、交通、冶金等行业。从各行业消费煤炭的数量来看，煤改气的重点应落在上述几个行业。

2016 年，随着工业去产能的推进，主要用气行业产能过剩情况有所好转，企业开工率上升。1—11 月，平板玻璃、钢铁产量同比增加 4.9%、1.1%，比上年同期分别上升 12.8 个和 3.4 个百分点，陶瓷产量也实现较快增长。然而，受竞争能源燃料油、LPG 价格较低的影响，工业燃料用气量需求没有根本好转，仍保持低迷态势。随着未来行业结构的优化和产品质量的提升、环保压力的不断升级以及工业用气成本的下降，预计工业需求量有望稳定增长。

三是天然气作交通燃料。

20 世纪 30 年代，意大利率先使用天然气作为汽车燃料，但天然气作为汽车燃料的真正发展是在 1973 年第一次石油以后，经过几十年的发展，天然气作为交通燃料已经不是新的话题。汽车是现代社会必不可少的交通运输工具，尤其近几十年汽车使用数量一直处于增长模式。据统计，全球约50%的石油产量消耗于汽车行业，一直处于增长的汽车数量与全球石油资源不断减少的矛盾已经成为全球能源供应的突出矛盾。

单从国内而言，CNG汽车在全国的推行已经颇有成效，但CNG汽车的使用主要集中于私家车，像重卡、船舶这类大型的运输工具目前依然依靠石油作燃料。

交通用气领域，受物流市场萎靡、国际油价低位以及新能源汽车对天然气汽车市场的挤压等多重因素影响，交通用气增速持续放缓。2015年1—11月，全国天然气汽车产量13.1万辆，同比下降26.6%。其中，LNG重型卡车产量同比增长17.6%，天然气客车和小汽车产量大幅下降。估计2016年中国天然气汽车保有量为515万辆，同比增长3%，远低于上年的13.4%，其中LNG汽车保有量近25万辆。

2016年以来，国家出台多项政策鼓励发展LNG船舶，珠三角、长三角、环渤海（京津冀）水域船舶排放控制区方案已经开始实施，财政部出台政策对改建LNG动力示范船给予补贴，交通运输部发布水运行业应用LNG第二批试点示范项目名单。但受基础设施建设的制约，LNG动力船发展较为缓慢。截至2016年底，中国LNG动力船保有量127艘，其中新建船舶90艘，改造船舶37艘，在建船舶435艘，还有1060艘已通过交通运输部方案评估。估计全年交通用气量260亿立方米，同比增加4.8%。

四是天然气作生活燃料。

家庭住宅使用的燃料是能源结构中重要的组成部分，我国家庭住宅能源主要是煤、液化石油气、城市煤气和电。此前家庭主要使用的燃料是煤炭，多用于取暖与烹调，但随着人民生活水平的不断提高，人们越来越多地选择将管道天然气作为家用燃料。因为相比煤炭，天然气虽然价格更高，但更清洁、高效、方便，更能适应人民现在的生活水平。

2016年，随着城镇化的推进，中国燃气管网覆盖面持续扩大，用气人口进一步增加，估计城市用气人口将由上年的2.86亿增加至3.1亿，居民和商业用气增长迅速；受环保政策推行影响，天津、河北、山东、辽宁等多地采暖锅炉煤改气项目投产，采暖用气大幅增长。

五是天然气作工业原料。

天然气作工业原料主要是用以生产如合成气、甲醇及其他含氧化合物、化肥等化学化工产品。由于这些产品在国民生产生活中也占有较重要的地位，因此在以天然气作为工业原料的行业中，天然气的使用量十分巨大（表5-11）。

表5-11 天然气发展方向及用途

	序号	发展方向	用途	其他
天然气现阶段发展机会	1	燃料	工业燃料	燃烧提供动力及热量
			交通燃料	CNG、LPG、HCNG等
			生活/商用燃料	利用管道天然气取暖、烹饪等
	2	原料	天然气合成甲醇	化工原料
			天然气制聚甲醛	
			天然气制烯烃/芳烃	
			天然气制醋酸	
			天然气制油	
			甲烷转换为乙烯	
	3	发电	天然气发电	燃气电力

天然气未来发展机会	1	冷链技术	利用冷能发电	天然气冷链
			液化分离空气	
			干冰和二氧化碳的制取	
			仓库冷冻和储存粮食	
	2	天然气与氢能	天然气制氢	清洁氢气
			氢能—天然气混合储能	
	3	CNG/LNG储气调峰	LNG接收站	发挥储气、调峰功能
			可中断用户调峰	
			储罐储气调峰	
			低温液化储存调峰	
			高压管束储气调峰	
			高压管道储气调峰	
	4	吸附天然气	ANG汽车	ANG技术
			ANG调峰	
	5	可燃冰	人工可燃冰	天然气水合物

注：①管道天然气指通过管道运输把天然气运输至用户终端进行使用，大型制造商与居民多用这一类天然气；

②LNG指天然气在常压下，冷却至约-162℃时，由气态变成液态，称为液化天然气（Liquefied Natural Gas，简称LNG）。LNG的主要成分为甲烷，还有少量的乙烷、丙烷及氮气。天然气在液化过程中进一步得到净化，甲烷纯度更高，几乎不含二氧化碳和硫化物，且无色无味、无毒，方便储存与运输，多用于解决管道无法通到但又需要使用天然气的地方。

③CNG即压缩天然气（Compressed Natural Gas，简称CNG），它与管道天然气的组分相同，主要成分为甲烷。CNG通常作为车辆燃料使用。

2016年全国尿素产能8200万吨左右，其中煤制尿素和气制尿素产能分别为6000万吨和2200万吨，国内尿素实际消费5500万吨左右。煤炭价格持续低位，气头化肥企业缺乏竞争力，开工率低，用气量同比下降。甲醇行业受到煤价和油价双低影响，有多个气头甲醇企业停产或减产，用气需求量下降。天然气制氢受低油价影响，等热值的燃料油、LPG 价格低于天然气，炼厂制氢用气量同比小幅下降。

从京津冀地区"煤改气"工程建设经验来看，"煤改气"价格是用户的核心关切点。加强区域输配价格监管、推动终端用气价格合理化应成为四川省天然气"替煤代油"战略和天然气市场化改革的重点。相较于单纯依靠政府补贴强行推进的天然气"替煤代油"工程而言，由市场内生驱动的能源替代才会走得更加稳健、持久。同时改造要侧重于难点问题，一是针对基础设施薄弱地区进行重点扶持，要提升城市建设特别是基础设施建设质量，形成适度超前、相互衔接、满足未来需求的功能体系；二是针对制约区域措施落实的难题进行重点突破；三是针对涉及部门多、手续复杂的工程进行重点协调。

在进行新一轮的天然气"替煤代油"行动计划之前，要从长计议、因地制宜、理智安排，多做工程前期论证与长远预测分析，不能带有盲目性和冲动性。在推进天然气利用和替代工程中，建议重点考虑当地经济发展的承受能力，按照构建多元化的能源安全供应体系的原则适度发展、有所侧重，逐步推进天然气工程。同时加大对天然气开发合作的力度，增加天然气资源控制的话语权，加强用气安全、灾害事故防御方面的能力建设。结合各地区生态环境达标要求、能源消费结构、用能需求特性、用能习惯和不同能源消费的技术经济特点，以及大气污染防治与经济社会发展、脱贫开发攻坚和住宅搬迁改造等多方面因素综合设计四川省天然气"替煤代油"战略实施路径。天然气"替煤代油"战略可帮助四川省因地制宜、科学合理地开展能源转型工作，推动其积极探索建设清洁美丽的四川。

5.6.4 化石能源清洁利用，煤炭、石油转型升级

一方面，从供需角度及生产开采来看，四川省能源资源虽然丰富，但总的来说四川地区的煤炭、石油资源并不十分丰富，尤其是石油资源储量极小，需要依赖进口解决消费大于供给的情况。加之近年来，原煤产量累计增长呈逐月递减趋势，产量下降幅度较大，但四川省的生产生活依旧以煤炭、石油这类传统化石能源为主，种种迹象表明四川地区煤炭、石油资源供给不足，需要寻找合理高效、绿色低碳的替代品。四川省虽然煤炭种类丰富，包括无烟煤、贫煤、瘦煤、烟煤、褐煤、泥炭，但是整体质量较差，煤炭精细化加工程度不够，进而影响燃煤质量及污染物排放情况。并且由于四川省采煤、炼油技术落后，不同地点的采煤、炼油技术及装备差异过大，煤矿清洁开采技术不过关，煤矿开采废弃资源利用不到位，煤炭清洁生产指标不健全，油品质量标准不规范，在开采和使用过程中污染物排放严重超标，对大气、水体、土壤等都将造成不同程度的威胁。例如：①石油开发期的废弃泥浆、钻井废水，运行期的采油废水、输油管道泄漏、落地油，闭井期间的封井作业等都将影响石油开采周边的地下水、土壤及大气环境，造成相应的水体污染、土壤污染和大气污染。那些浸入水体和土壤中的各种有害污染物质，各种总烃、酚类都将长期滞留在土壤和水体中，影响植物根部呼吸，造成植物根部腐烂，阻碍植物生长并影响附近居民的饮水健康。而开采过程中泄漏的大量挥发油气中包含的各种有毒有害气体，在外界媒介吻合的情况下，经过阳光照射、温度催化、空气氧化将与外界气体发生各类物理、化学反应，进而合成化学烟雾，破坏臭氧层，造成酸雨，影响空气质量及自然界具有生命体征的各类生物的生命健康安全，最终破坏自然环境。此外，在开采的全过程中由开采作业相关机器设备的运转产生的噪声也将形成一定的噪声

污染，影响人类及其他生物的生活质量。②目前我国煤炭生产开采主要采用井工开采——通过井筒和地下巷道系统开采煤炭或其他矿产品。这种作业方法会形成大范围的采空区，导致煤层围岩发生复杂的移动变形，使上覆岩层发生冒落、产生裂隙和弯曲下沉，地表形成沉陷、塌陷并产生大量裂缝，带来一系列生态环境问题。煤炭开采也伴随着不同程度的大气污染、土壤污染、地下水污染等现象，一旦岩层断裂形成地下水位降落漏斗，就会导致煤矿开采时产生的各种矿井水、作业水及其他污水进入地下水径流中，其中的氨化物、氮化物、硫化物、BOD（生化需氧量）、COD（化学需氧量）及硫化物、氟化物等将同步对地下水环境产生长期且不可逆转的影响，会造成包括地下水循环系统在内的其他各类自然环境的污染。因此，实现煤、油生产开发与生态环境保护的并驾齐驱，保证化石能源的清洁开采及利用，实现煤、油的转型升级工程是四川省乃至我国煤、油工业面临和必须破解的重大技术难题，这些技术难题的攻克将对四川省绿色发展道路的探索及现代能源体系的建设产生重大意义。

　　另一方面，从产品自身性质及生产消费角度来看，组成煤炭的元素有数十种，主要包括碳、氢、氧、氮和硫等，其中碳含量在 $82\%\sim93\%$ 之间，氢含量在 $3.6\%\sim5.0\%$ 之间，氧含量在 $1.3\%\sim10.0\%$ 之间，氮和硫分别占 $1\%\sim2\%$。因此煤燃烧将产生 CO_x、H_2O、SO_x 和 NO_x 等气体及粉尘；组成石油的主要元素是碳和氢，其中碳、氢两种元素占元素总量的 $96\%\sim99\%$，石油中还含硫、氮、氧等元素，其在石油中的总含量一般在 $1\%\sim4\%$，因此石油产品燃烧同样将产生 CO_x、H_2O、SO_x 和 NO_x 等气体。这些污染物是造成酸雨、雾霾及温室效应的主要原因，与同为化石能源的天然气相比，煤炭、石油燃烧排放的污染物更多，对环境造成的危害更大（表 5-12）。

表 5-12 煤、石油、天然气等能源吨油当量燃烧排放物统计表

序号	排放物	吨油当量煤 / (kg/t)	吨油当量石油 / (kg/t)	吨油当量天然气 / (kg/t)
1	CO	12.25	18	1.75
2	CO_2	4800	3100	2300
3	SO_x	7.5	20	—
4	NO_x	11	6	4
5	粉尘	221.4	—	—

注：热当量标准：1t 原油=1074.3m³ 天然气（按平均热值计算）；1kg 原油=1.4286kg 标准煤（1t 标准煤=0.7t 原油）；1m³ 天然气=1.20kg 标准煤（1t 标准煤=830m³ 天然气）；1L93♯油=8000kcal 热量，1kg93♯ 油=1.38L93♯油，1kg93♯油=11040kcal 热量；1m³ 天然气=8500kcal 热量，1kg93♯油=1.3m³ 天然气。

　　虽然这是由于煤、石油本身性质所致，但除寻找替代能源外，目前从四川省生产生活现状来看，短时间内无法完全脱离传统化石能源的开采、生产及消费，因此四川省政府及相关部门应当重视煤、石油产品本身的转型升级工程，集中攻克煤炭、油品能源质量升级的难关，重视煤油清洁发电技术、煤基多联产技术、煤油共炼技术、碳捕获与封存技术、散煤综合治理技术的研究与发展。①国家规定，粉尘、二氧化硫和氮氧化物的燃煤锅炉重点地区排放标准限值分别不高于 20 mg/Nm³、50 mg/Nm³ 和 100 mg/Nm³，而通过技术改造的燃煤发电厂超低排放清洁技术（煤油清洁发电技术）的粉尘、二氧化硫和氮氧化物的超低排放标准是低于 10 mg/Nm³、35 mg/Nm³ 和 50 mg/Nm³。经验表明，一些通过技术改造的燃煤发电机组的粉尘、二氧化硫和氮氧化物排放甚至可以低于同时期燃气发电机组的大气污染排放标准，且成本仅为燃气发电机组的 1/2。②此外，技术经验表明，应用中低温热解工艺将低阶煤加工成气、液、固这 3 种物质形态

（煤油共炼技术），可实现将相对丰富的烟煤转化成相对紧缺的油、气资源和可替代无烟煤及焦炭的半焦，该技术的突破具有替代 1~2 个大油田的广阔前景。在目前已有的热解技术条件下，每吨煤可热解得到约 100 kg 的煤焦油、150 m³ 的气和 600 kg 左右的半焦。通过热解技术生成的煤制油品具有比重大、体积热值、体积比热容、热安定性高，以及氮、硫、灰、粉尘低等特点，可满足航天航空领域对燃料的性能需求。这些同类清洁技术的攻破和投产应用将在一定程度上缓解环境保护、经济发展、化石能源消费三者间的紧张情况，维护传统能源体系与现代能源体系间的和谐过渡关系。因此，在保障能源消费安全、供需平衡的基础上，四川省应当重点解决煤炭、油品这类高污染化石能源清洁生产技术和利用技术的突破，对四川省来说，清洁煤炭技术和清洁油品技术的推行势在必行。我们要加快进度向有经验的省份学习，更广泛地与技术先进国家保持交流，以保障四川省传统化石能源的清洁供应，提升其传统化石能源的综合利用效率。

此外，由于日常生活、工业生产等环节的需求，加之生产技术、能源禀赋等条件的限制，四川省乃至全国在较长一段时间内都暂时无法彻底放弃传统化石能源的消费使用，因此煤、石油的清洁利用和转型升级对于环境保护和经济发展来说都是极其重要的环节。对于煤炭消费量大的工业园区，四川省应当重点关注并因地制宜地推进煤、石油清洁消费。目前四川省除了甘孜、阿坝、凉山州，现有煤炭消费工业园区 136 个，园区用煤量大的地方集中在成都、达州、泸州、内江、宜宾等地区，其总计用煤量达 1792 万吨。四川省应规范燃煤园区集中管理，集中治理燃煤污染，同时积极推广使用清洁煤、石油产品，严苛煤、石油供应的清洁标准，对质量不过关、排污标准不达要求的工业园区要求建设"禁煤区"，引导煤炭企业淘汰落后产能，规范煤、石油清洁生产标准，进一步加大原煤的选洗力度，有序发展煤电，持续提升煤电转化能效水平,推进煤电产业高质量发展,促进可再生能源消纳,提高清洁能源发电占比,有效控制煤电产能规模,优化空间布局,加大力度、提高标准,淘汰火电落后产能。同时,针对原油产品,四川省需加强炼油能力总量控制,淘汰能耗高、污染重的落后产能,适度推进先进产能建设;严格项目准入标准,防止以重油深加工等名义变相增加炼油能力;激发煤、石油优质产能的进一步释放。

总体来说,由于生产生活及经济发展对传统化石能源的刚需,在较长一段时间内我们无法完全离开化石能源,传统化石能源仍将是四川省生产生活依赖的主体能源,这是四川省乃至全国的现实情况。因此,四川省绿色发展的现代能源体系必须注重此类资源开采作业流程的清洁化、开采技术的成熟化、开采设备的先进化、开采产品的优质化,严格按照安全、绿色的作业标准,提升传统化石能源回采率和清洁开发率,进一步规范化石能源生产、消费市场,保障"油品升级""煤质提升",实现煤、石油的清洁高效利用,实现"黑色"化石能源的"绿色"化升级。

5.6.5 可再生能源重点突破,发展高效新型清洁电力

随着环境污染问题的加重以及能源枯竭问题所造成威胁的日益增强,可再生清洁能源的发展利用成为我国各级地方政府首先予以考量的政策,可再生清洁能源电力的发展利用水平会直接影响到四川省各市县地区社会经济的发展以及环境保护工作的开展。清洁电力的发展不仅可从消费终端改变工业生产格局和居民生活习惯,如电动汽车的推广应用可以降低交通领域的碳排放,工商业供热和消费设备的电气化可以大幅降低终端用能的碳排放;它也可在能量输送环节发挥节能减排作用,如有效减少煤炭、油气输送环节的碳排放。这些节能减排目标的实现正寄希望于电力行业在电能供给端的低碳转型。

据统计，全球电力产业（含热力）CO_2 排放总量为全球 CO_2 排放总量的 2/5，因此，能源电力产业的绿色升级是完成全球能源绿色革命的一大重要环节。在中国，使用以化石燃料发电机组为主要电源的电力系统是电力产业长期存在的现实状况。近些年，随着人类对气候变化、温室效应等环境问题的重视，全球能源革命不断推进，长期受自然资源禀赋约束的中国电力产业迎来转机，中国可再生能源电力产业得到了有效发展。2019 年，中国可再生能源发电量达 2.04 万亿千瓦时，同比增加 1761 亿千瓦时，占发电总量比重为 27.9%，同比上升 1.2%。其中，水电 1.3 万亿千瓦时，同比增长 5.7%；风电 4057 亿千瓦时，同比增长 10.9%；光伏发电 2243 亿千瓦时，同比增长最大，达 26.3%；生物质发电 1111 亿千瓦时，同比增长 20.4%。从近年来四川省电力生产及消费情况来看，在生产方面，火力发电占全省发电总量的比例逐渐降低，2017 年火力发电 353.6 亿千瓦时，同比下降 1.23%；水力发电、核发电及其他发电占全省发电总量的比例快速提升，2017 年为 3215.5 亿千瓦时，同比增长 6.45%；四川本省（市、区）电力调出量迅速上升，外省（市、区）电力调入量稳中有降，总体来说四川省目前的电力产量能自给自足，且有相对富余的电量用于输出。消费方面，工业用电一直是四川省电力消耗的主要因素，其次是生活用电（图 5-13）。

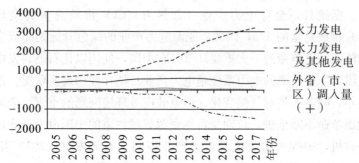

图 5—13　四川省历年电力生产及消费情况（单位：亿千瓦时）

数据来源：历年《四川统计年鉴》。

从上述情况可知，无论是四川省还是全国范围内，火力发电以外的其他清洁能源发电规模均在不断扩大，清洁能源对传统能源的替代作用日益凸显。四川省清洁能源种类齐全多样，除了资源储量极为充沛的水资源，还拥有相对丰富的太阳能、风能、生物质能等新清洁能源。长期以来，四川省一直以煤炭能源消费为主导，使本来应该发挥优势的水能、天然气及其他可再生新能源未得到有效开发。相较于传统能源的过度开采、生产和消费，可再生能源的开发相对滞后，使得能源生产结构背离资源结构，严重影响了能源资源的可持续利用。虽然水力及其他能源发电比例不断提升，但电力调度系统的完善仍具有较大的发展空间，可再生能源电力的突破不仅可以提升传统电力的有效负荷能力，减少电力消费终端的碳排放，更有望进一步满足省内工业、生活消费等领域电力消费的自给自足，减少本省电力的调入量，加大本省电力的调出量。然而在当前电力产能基本过剩，产能增长速率普遍下降，未开发电力潜力仍然存在的背景下，出于产业保护政策，其他省份接受四川省电力输出的积极性普遍较低，省域间的电力产业壁垒或多或少存在且其产生的作用逐渐增强，在未找到解决本地电力消纳及针对电力输送通道等环节行之有效的解决方案的情况下，四川省电力的调出工程会受到一定程度的限制。因此，四川省绿色发展及现代能源体系构建的重点工程之一就是高度关注未得到有效开发的各类清洁能源在省域内的生产、开发和利用，并通过推进整体电力市场化改革，有效破除消纳可再生能源的省间壁垒，实现更大范围内的可再生能源消纳，其中可再生能源电力是完成上述任务的共同媒介。

针对水力发电。四川省以"川"得名，河流众多，水资源年总量约 3480 亿立方米，有金沙江、长江、岷江、大渡河、雅砻江等大小河流一千多条，径流量达 3131 亿立方米，位居全国第二位。可开发水能资源 1.03 亿千瓦，可装机容量和年发电量均居全国各省区首位。水能资源是四川省能源资源的主体，约占全国的 1/4，但其水电生产仅占全省能源生产总量的 10%左右，远低于全国及世界平均水平。2017 年起，四川省水利厅便开始以"环境、社会、经济和管理"为指导理念，以企业自愿为原则，申报创建绿色小水电试点工程，在全省符合条件的地区开展了"小水电站绿色发展调查摸底"工作，四川省重点发展水电工业，旨在把省内极其丰富的水电资源转变为资本，把自己打造成为"水电王国"是四川省能源发展的现实选择。四川省境内水能蕴藏量占整个西部的 1/3，主要集中在金沙江、雅砻江和大渡河。四川省水能资源量大且比较集中，可以利用的落差大，具有建设水电基地的先决条件，表现在：①水电资源丰富并且比较集中。金沙江、雅砻江、大渡河、岷江四大江河的水能资源集中了四川省水电资源经济可开发容量的 86.4%，每条河流都配备有调节性能好的大型水库、水电站，梯级补偿效益明显，技术开发条件好，经济指标优越，有利于实行流域梯级滚动开发。②流域范围大、水资源富集。四川省内河流密布，包括与邻接省的界河在内一共有 1300 多条，多年平均天然径流总量为 2547.5 亿立方米，能够按照不同的要求进行开发。③河道坡度陡、落差大。除盆地内的部分河流外，四川省多数河流的比降较大，因而可合理利用天然落差，实行梯级连续滚动开发，实现梯级电站联合运行。④径流年际变化小、水量稳。以"三江"（即金沙江、雅砻江和大渡河）水电基地的水资源状况与西部几条主要河流比较，"三江"由于有上游融雪对径流的补给及植被对径流的较好调节，其年际之间、汛枯期间的水量变化相对较小。⑤电站建址好、造价低。优越的资源条件和坝址区的环境优势使水电站的土建工程单价低廉，这是四川省开发水能资源、建设水电站最有利的条件。在此基础上，四川省应坚持大、中、小型水电站并进的结构布局，发挥大、中型水电站容量大、电力强等优势，向电力负荷大的城市或工业园区集中供电，发挥小型水电站数量多、建设周期短等优势，向电力负荷小且远离大电网的偏远地区或电力负荷分散的地区供电。四川省的水电工程可成为其可再生能源利用和新型电力发展的主动力，是未来清洁能源开发利用的主方向之一。

针对光伏发电。太阳辐射能是地球大气最重要的能量来源，太阳能是一种取之不尽用之不竭的可再生能源，光伏发电不仅无枯竭风险，而且具有安全可靠、无污染排放等优点。2019年，全国光伏发电装机2.04亿千瓦，同比增加17.3%，全国光伏发电量2243亿千瓦时，同比增长26.3%，全国弃光率同比下降1个百分点。太阳能发电形势整体向好，弃光率不断降低，我国对太阳能资源的开发和利用也已取得一定的成绩，光伏发电的应用领域已深入日常生活的各个环节，如：小型光伏电源用以解决偏远无电地区（如高原、海岛、牧区、边防哨所等地）军民日常生活用电需要；光伏水泵用以解决偏远无电地区的居民用水井和作物灌溉等工程；太阳能汽车/电动车用以为居民提供更加丰富、低碳的出行选择等。但即便如此，也不是每家每户都享受到了太阳能产品的益处，四川盆地南部及西南部是四川省乃至全国的太阳能贫乏区，川西高原则是四川省太阳能资源最为丰富的地区。由于这些地区普遍人迹稀少、地域广阔、交通条件落后，因此短期内川西高原很多相对贫困和偏远的地区无法接入电网，用电不便是阻碍当地人民提升生活质量、促进经济发展的主要因素，而光伏发电可以很好地解决川西高原及偏远地区人民生产生活的基本用电难题，提升生产作业的工作效率和质量，进而增强人民的生活幸福感。因此，我们应当坚持并落实"自发自用、余电上网、就近消纳、电网调节"的分布式光伏发电运营模式，在用电现场或靠近用电现场的地方配置较小的光伏发电供电系统，以满足特定用户的需求，支持现存配电网的经济运行，并积极探索光伏发电在交通领域、建筑领域、居民生活领域和工业生产领域的进一步发展方向。

　　针对风力发电。一直以来中国积极向英国、德国等风电市场排名世界前列的国家借鉴经验，持续推进国家海上风电、陆上风电的开发探索工程，全国弃风电量和弃风率持续"双降"。2019年是我国风电行业进步快速的一年：海上风电建设提速，以稳健的姿态超越陆上风电，风电价格逐步由竞价向平价靠拢。四川省作为我国西南地区的内陆省份，主要借助陆上风能进行发电，是我国风速相对较小的地区之一，但川西高原、盆周山区、西南山地等地区拥有较为富集的风能资源，这些地区的河流峡谷和盆周山地风场可作为今后风电开发的主战场。四川省风电总量虽然只能算是其全省水电总量的零头，但风电的利用在调整四川省能源结构和解决偏远地区用电问题上同样扮演着极为重要的角色。同时，由于风电自身存在的间歇性和不确定性，加上四川省的风电、水电在出力特征上体现了天然的水、风季节互补性，丰水期水电出力增加，风电出力减少，相反，平、枯水期水电出力减少，风电出力增加。因此可重点考虑开发水风互补发电工程，为可再生能源发电事业装上"双保险"，弥补风力、水力自身的季节间歇性及各种不确定性，从而保障平水期和枯水期的电力供应及当地人民的正常生产生活。

　　针对生物质能发电。当前四川省农村地区的能源以散煤、秸秆和薪柴为主，这类能源燃烧效率低，易造成空气污染和残渣污染，不利于四川省的绿色发展。同时，四川省地区能源短缺，消费结构畸形发展，导致以农村地区为代表的相关地区的环境污染日益严重，污染问题愈发突出。四川省农村生物质资源丰富，以粮食农作物的秸秆为主，其次还有农村的畜禽粪便、生活垃圾、生活污水等。在农村，没有固定的处理方式对此类生物质能源加以开发利用，农村居民更多的是根据生活经验和传统习惯归纳总结生物质能源的利用方式，处理较好且运用最为广泛的主要有堆沤做肥、燃烧供热等传统方法，发展到后期出现了沼气燃烧及沼气发电等利用方式。针对这种不集中、有污染、效率低的生物质能利用方式，可借鉴丹麦可再生能源发电经验，推广生物质能发电工程，有效发挥生物质能源的经济、环境效益，解除其他能源的区域性资源限制，从而解决农村用电、供暖和生活热水需求，减少供暖散煤燃烧，为农村生产生活提供保障，也为我国能源结构调整和环境治理提供实践基础，以实现可持续发展。

　　针对四川省电能供给端的改革，我们一方面要重视以可再生能源为主的新型清洁电力的生产、开发和并网，在协调好光伏发电、风电工程开展的同时，也要科学安全地推进对地热能等其他可再生能源发电工程的积极探索，建设一批与之相关的发电项目，利用资源禀赋优势，以可再生能源为重点突破口，大力发展新型电力，在单独利用各类可再生能源的基础上，努力探索水光互补、风水光互补、风水光储互补工程，并加强对其他电化学储能的研究，共同演绎"风光"精彩，从而减轻对火力发电的依赖。另外，还可设置可再生能源生产消费激励政策，调节可再生电力作为自然发电的限制。我们也要重视与其他省份间的可再生能源合作工程，尤其是可再生能源电力合作，建立市场化可再生能源电力消纳保障制度，消减可再生电力的消纳矛盾，破除省域间的可再生能源电力消纳壁垒，实现更全面的可再生能源开发利用功能，扩大四川省可再生能源配置范围，激发四川省可再生能源生产利用潜能，增强四川省能源保障能力及可再生能源利用效率，提升四川省在非化石能源领域的话语权，让四川省"风光"起来，从而为低碳、高效、"风光"无限的四川现代能源体系建设做贡献。

5.6.6 强化基础设施建设，提升能源综合服务水平

能源的基础设施建设指的是与能源开采、生产消费相关的各类"硬件""软件"设施，包括各类能源开采设施设备、油气管网建设、电网建设、储能设施及其他与能源活动相关的综合服务建设。能源基础设施的建设不仅是一项简单独立的工业工程，更是一项保证社会安定、维护社会秩序的政治工程和民生工程。

关于"硬件"建设，电网建设、油气管网建设及储能设施建设是"硬件"基础设施建设的主要对象，是国家及省政府部署能源基础设施建设工作的主要出发点。四川省的电网建设是国家电力供应系统健康有序运行的基础，"十三五"期间我国整体电力事业进入新阶段，电力消费增速放缓但持续增加，电力供应能力整体富足，电力供应结构不断优化，可再生能源电力及其他清洁电力是国家电源建设的主要方向。但输电通道长期落后于电源建设是制约四川省可再生能源电力事业发展的主要因素之一，是造成四川省弃水、弃风、弃光等现象的主要因素。一方面，水力发电、风力发电、光伏发电等的区域性、季节性、随机性和不可预测性，导致可再生电力系统的可信容量较低。而输电通道的建设需考虑实用性和经济性，为了将可再生电力以最大限度输出，根据可再生能源装机容量规划输电通道，则存在因为风能、水能等资源的

间歇性枯竭而造成输电网络资源的浪费及形成较高的可再生电力消费价格等现象，十分不利于下游消费市场对可再生电力的认可度和消纳量。若仅保障各地可再生能源发电的平均输出，根据可再生能源保障出力规划输电通道，则存在可再生能源丰沛期严重的窝电现象。另一方面，四川省可再生能源富集区大多位于道路艰险、生产建设较为落后的高原、山区等地，远离负荷中心，加上四川省可再生能源建设工程起步较晚，可再生能源基础设施建设相对滞后，电网承载能力过差，电网骨干网络建设薄弱，也对电网输送通道建设带来了重重困难，导致可再生能源电力无法外送，不仅本地无法消纳，输电通道更是无法满足可再生电力的跨省域消纳，使得资源浪费严重。省域内外电网的改造升级、电源与电网的统筹规划和布局工作将是继可再生能源电力技术以外的另一攻坚战，是四川省可再生能源电力事业发展的关键。省政府及相关部门需按照系统安全、流向合理、优化存量、弥补短板的原则，与国家电网加强沟通，稳步有序推进跨省区电力输送通道建设，建成省内电力输送新通道，完善区域和省级骨干电网，加强配电网建设改造，在健全网架的同时积极开展电网升级改造工程，加快四川省电网智能化升级，着力提高电网利用效率，提升新能源电力尤其是水电在省内的消纳能力，并规划完善水电东送的总体流向，进一步维持可再生资源富集区和电力负荷区的电力平衡，发展可再生能源电力事业。此外，从保障基层国计民生的角度来看，农村电力建设是现代能源体系建设的重要一环，其中农村电网改造、村村通动力电、机井通电等项目应当成为相关部门的工作重点，相关部门应始终以农村电力基础设施改造和建设为中心，以精准帮扶为辅助，大面积消除农村地区用电难、用电贵等现象，为他们提供能满足基础生活的电力保障，减少这些地区为考虑经济效益而大面积使用燃煤、散煤等高污染化石能源的频率。

四川省油气基础设施建设作为能源产业中极其关键的一环，占有十分重要的地位。它的重要性不仅体现为储气调峰的现实作用，更体现保障民生用能的政治作用。2019 年，国家石油天然气管网集团有限公司（以下简称国家管网公司）挂牌成立，国务院出资 200 亿元，成为国家管网公司目前唯一股东；2020 年，国家管网公司与"三桶油"持续商讨资产移交事宜，其中划转资产以油气干线管网（4MPa 以上）、省级管网、接收站、储气库等基础设施为主，这都体现了国家对油气基础设施建设及油气管道独立工程项目的重视，国家是深化油气体制改革的"关键角色"。对于油气管网建设，在国家管网公司成立及与"三桶油"资产划转的背景下，四川省必须矢志不渝地坚持国家"管住中间，放开两头"的工作方针，为保障民生用气做贡献。2017 年，党的十九大报告首次将油气管道建设纳入国家基础设施网络建设规划，强调了油气管网建设对国家经济发展与运行的重要作用。《关于深化石油天然气体制改革意见》《中长期油气管网规划》《加快天然气利用的意见》等文件明确要求深化油气管网改革，推进油气管网设施建设，增强油气集约输送和综合服务的水平，完成"管住中间，放开两头"的管道运输和销售分离任务，推进管网独立建设，以减少重复投资，加快油气基础设施建设。作为全国天然气消费大省，四川省在天然气开采及配套管网运输方面取得了较好的成绩，全省 21 个市（州）183 个县（区、市）中已有 18 个市（州）130 多个县（区、市）使用管道天然气，仅三州（甘孜、凉山、阿坝）和其他市的个别县尚未使用管道天然气。天然气管道的互联互通是天然气资源得到有效利用的重要媒介，因此必须矢志不渝地坚持国家管网公司工作理念，启动管网独立改革，实行输配、输售分离并允许第三方公平进入能源管网输送市场，加快天然气管网建设和利用，科学合理地完成全省天然气管网建设，推动油气管网的全面互联互通。此外，四川省应当集中市场及政府力量加快建设集输管网，解决尚未通气地区的天然气利用难题，统筹推进天然气管网建设，完善油气输配管网设施，重视支线管道网建设，扩大四川省天然气资源供应范围，通过天然气管网延伸、天然气液化储存及长途运输等方式和建设压缩天然气（CNG）母子站、液化天然气（LNG）/液化－压缩天然气（L－CNG）加气站等措施提升骨干网输送和进口接收能力，增强区域间协调互济供给能力和终端覆盖能力，加强支线管网建设，打通"最后一千米"，实现省域内各区县及四川省与周围省市油气资源互通互补的市场需求。对于储能设施建设而言，"十二五"以来和"十三五"期间，四川省天然气产业发展迅速，消费和调峰需求大。然而四川省储气能力严重落后于天然气产业的发展，储气设施无法容纳潜在天然气资源量，储气设施建设尽管投资大，但相关企业对储气设施的建设积极性不高，储能设施与管道建设连通障碍大，重点保供对象及政府储气能力需求无法满足。目前四川省尚无地下储气库和专用于调峰的地面大型LNG储备库，储气库与天然气管网的配套建设也不完善，存在"气源进不来，调峰气量出不去"等现象，这成为制约四川省天然气产业发展的一大主要因素。因此，四川省必须加快储气站的建设步伐，强调能源储备安全和调峰设施建设，重视西南储气调峰枢纽建设工程，彻底解决部分地区尤其是偏远地区用气难的问题。"硬件"基础设施的建设一方面包括其他新兴清洁能源设施设备的研发、投用，如：电动汽车充电设施、储能电池、光伏电站、水电站及其他配套的基础设施设备；另一方面也包括传统能源设施设备的更新、换代，如：勘探开发设备、作业人员穿戴设备、节能环保设备及其他配套的基础设施设备。

除了前期的"硬件"建设，政府及企业还应当重视能源综合服务建设"软件"工作的开展，提高能源综合服务水平，自觉接受市场和群众的监督，保障能源供应综合服务质量，尤其是对于偏远落后地区，激励"能源因地制宜，资源就地取材"的关键是为那些有意愿和能力的潜在新能源用户提供完善的能源售后服务，包括能源设施维修、技术咨询服务、安全审查、能源供应中断补救措施等，从而保障该地居民用能需求和用能安全，降低居民用能成本，提高包括传统能源在内的所有能源供给普及率，保障偏远地区用能的及时性、便捷性，全面释放各类能源的民用需求。

　　基础设施的完善、能源综合服务水平的提升让能源发展成为利民惠民的福利，提高偏远贫困地区尤其是红色革命老区、少数民族聚居地等区域的能源自足能力，让居民用能更加便捷，切实保障和改善民生，完成能源基础设施建设的民生保障和政治保障任务。我们始终相信以服务人民为出发点的能源改革工作不仅是国家和四川省政府长期以来一直遵循的宗旨，也是实现国富民强最坚实的基础保障。

5.6.7　优化产业结构，培养能耗新增长点

　　产业结构是一个国家和地区经济发展的基础和核心，是我国国民经济发展的基本骨架。产业结构形成的基础是产业分类，根据划分方法和划分标准不同有不同的分类，包括三次产业分类法、联合国标准产业分类法、工业结构分类法、要素集约度产业分类法等，其中三次产业分类法和要素集约度产业分类法比较常用。三次产业分类法中，第一产业包括农、林、牧、渔业，是取自自然界的产业；第二产业包括工业和建筑业，是对取自自然界的物品进行改造；第三产业指除了第一、第二产业的其他各业。我国三次产业分类法项下的第三产业主要为服务行业，包括：批发和零售业，交通运输、仓储和邮政业，住宿和餐饮业，信息传输、软件和信息技术服务业，金融业，房地产业，租赁和商务服务业，科学研究和技术服务业，水利、环境和公共设施管理业，

居民服务、修理和其他服务业，教育、卫生和社会工作，文化、体育和娱乐业，公共管理、社会保障和社会组织、国际组织，以及农、林、牧、渔业中的农、林、牧、渔服务业，采矿业中的开采辅助活动，制造业中的金属制品、机械和设备修理业（图5-14）。

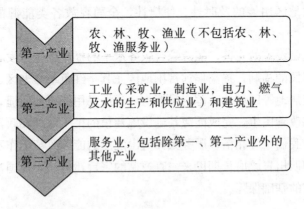

图5-14　我国三次产业划分

纵观我国经济发展史，现代经济的发展无不是以产业结构的调整为基础的。改革开放以来，四川省不断调整产业结构，找到了一条有四川特色的发展之路，经济得到长足发展，且其总量不断增加，人民生活水平显著提高，城镇化水平不断提升。四川省第一产业地区生产总值构成不断下降，2017年仅占全省生产总值的11.6%；第二产业地区生产总值于1991年超越第一产业地区生产总值后呈波动式增长，并于2011年起持续6年下降，年均下降1.4个百分点，降幅较小；第三产业地区生产总值呈现"先快速增长，后缓慢降低，又缓慢增长"的态势。四川省三次产业比重从改革开放到现在虽然经历了不同程度的调整，但高耗能、高碳排放的第二产业地区生产总值在2017年达到14328.12亿元，约为四川省地区生产总值的40%，可以说相当高。而最令人看好的，并以低耗能、低碳排放著称的第三产业，从改革开放初期一直到现在，演绎了一出曲折的"命运"走势，即其比重先快速增长，后缓慢降低，现又缓慢增长，可以肯定随着时间而推移，第三产业对地区生产总值的贡献也将越来越明显（图5-15）。需要注意的是，目前四川省第三产业发展速度与我国其他经济形势好的省份相比，仍具有很大的增长空间。

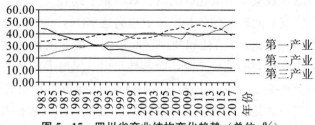

图5-15　四川省产业结构变化趋势（单位:%）

数据来源：历年《四川统计年鉴》。

四川省地区生产总值虽然实现了持续增长，2017年全省地区生产总值达到36980.22亿元，比上一年同期增长12.3个百分点，但是经济的不断增长也给自然资源和环境带来了巨大压力。总体来说，对四川省地区生产总值贡献最大的是依托工业发展的第二产业和依托服务业发展的第三产业。三次产业在能源消耗强度和能源需求方面也有着显著差异，第一、第二产业中的行业大多属于物质生产部门，行业之间单位产出能源消耗强度差异更为明显，第一产业在四川省地区生产总值的占比持续下跌，其碳排放值却未对应减少，尽管其碳排放值整体含量不高，但对农、林、牧、渔业的现代化研究，将帮助其进一步减少对环境的损害，提高能源资源利用效率。同属于物质生产部门的第二产业是四川省能源消耗和利用的大户，其中以工业为主。一直以来，我国传统重工业主要依赖煤炭、石油等传统化石能源作为物质生产的主动力，这种传统作业模式不仅能源利用效率低下，而且在作

161

业过程中会排放大量的二氧化碳、粉尘等有害物质，这些有害物质是造成自然环境污染的罪魁祸首。近年来，四川省第二产业地区生产总值的下降并未过多减少其二氧化碳的排放，其他因能源消耗造成的环境污染问题也依旧严峻。

由于温室气体排放的复杂性，二氧化碳、甲烷、一氧化氮等气体都将产生不同程度和不同时间范围的大气环境增温现象，即温室效应。二氧化碳的增温效应是上述各类气体中最大且产生影响时间较长的，其增温效应高达63%，持续时间长达50～200年。在能源消耗和利用层面，化石能源的消耗和利用是产生二氧化碳的主要来源，而其他水电、风电等清洁能源的消耗不会产生二氧化碳的排放，因而这些能源不在统计范围内。要将二氧化碳排放量与具体的化石能源消耗联系起来，需借助对应的温室气体排放计算方法，如 Logistic 模型法、IPCC二氧化碳测算法、美国橡树岭国家实验法等。目前，国际社会认同度较高的二氧化碳排放总值计算方法是联合国政府间气候变化专门委员会（The Intergovernmental Panel on Climate Change，简称 IPCC）提供的 IPCC 二氧化碳测算法。通过 IPCC测算方法，可知二氧化碳排放量与化石能源消费总量、化石能源消费结构、碳排放系数密切相关，而碳排放系数是由专业机构依据历年的统计数据得出的固定系数，见表5-13。IPCC 测算方法显示，能源消耗的二氧化碳排放值直接受到化石能源消费总量、化石能源消费结构的影响，而产业结构将可以决定省域范围内化石能源消耗的种类和数量，因此产业结构将在一定程度上对上述两个对象（化石能源消费总量和消费结构）的变化产生主导作用。利用 IPCC 二氧化碳测算方法得出四川省历年来以产业划分为界限的二氧化碳排放数值，见表5-14，该数据显示：2017年该产业能源消耗二氧化碳排放值占全省能源消耗二氧化碳排放总值的73%，是第一产业能源消耗二氧化碳排放值的 44.8 倍，是第三产业能源消耗二氧化碳排放值的 2.9 倍。与上述两者形成明显对比的是，第三产业显得较为绿色低碳，因为第三产业中大部分部门属于非物质生产部门，并且许多行业属于低碳行业，如住宿和餐饮业，信息传输，软件和信息技术服务业，居民服务业，环境和公共设施管理业，旅游业等。因此，第三产业的发展即使带来碳排放的增长，也是少量和缓慢的，可见重视对第三产业的继续培养、挖掘其中的能源消耗新增长点不仅可带动四川省经济的进一步发展，而且可加速四川省现代能源体系的构建进程，帮助四川省打赢"经济—能源—环境"综合治理的攻坚战。

表 5-13　相关能源碳排放系数

能源类别	碳排放系数/（10^4 吨标准煤/10^4 吨）	能源类别	碳排放系数/（10^4 吨标准煤/10^4 吨）
原煤	0.756	燃料油	0.619
洗精煤	0.756	其他石油制品	0.586
焦炭	0.856	液化石油气	0.504
其他焦化制品	0.645	天然气	0.448
原油	0.586	焦炉煤气	0.355
汽油	0.554	炼厂干气	0.460
煤油	0.571	其他煤气	0.355
柴油	0.592		

数据来源：联合国政府间气候变化专门委员会。

表 5-14　2005—2017 年四川省三次产业碳排放情况（单位：万吨）

年份	第一产业碳排放值	第二产业碳排放值	第三产业碳排放值	碳排放总值
2005	86.63	4885.04	888.20	5859.87
2006	98.85	5486.78	965.65	6551.28

续表5－14

年份	第一产业碳排放值	第二产业碳排放值	第三产业碳排放值	碳排放总值
2007	106.44	6019.95	1111.28	7237.67
2008	134.17	6022.33	1233.17	7389.67
2009	128.38	6916.04	1365.50	8409.92
2010	125.78	6852.42	1552.77	8530.97
2011	122.87	6786.72	1731.08	8640.67
2012	142.61	7032.92	1786.28	8961.81
2013	147.06	7439.49	1623.77	9210.32
2014	146.50	7356.03	1724.69	9227.22
2015	143.33	6687.07	1738.43	8568.83
2016	131.29	6382.03	1982.97	8496.29
2017	132.37	5927.87	2062.35	8122.59

数据来源：历年《四川统计年鉴》。

近年来，随着产业结构的调整，四川省虽然在一定程度上取得了经济增长与环境改善的双成绩，但总的来说，四川省产业绿色发展整体水平依旧不高，产业结构优化速度也不够快，资源能源利用效率偏低，第二产业仍是地区经济的主要组成产业，工业部门高产能、高库存、低需求、低效益现象严重，部分地区重化工产业高度集聚，资源环境约束趋紧，环境污染负荷极大。不仅存在二氧化碳、粉尘等有害物质的高排放，更存在水体、土壤等综合环境污染。据统计，岷江中下游、沱江流域单位面积主要污染排放量是全省平均水平的3倍以上，局部地区高达6倍，区域性多阶段、多领域、多类型污染问题长期叠加。矿产、水电、旅游等资源开发挤占生态空间。四川省城市空气质量不达标天数比例接近20%，成都平原、川南、川东北经济区大气复合型污染严重，臭氧污染逐步显现。五大流域仍有 38% 断面水质不达标，岷江、沱江流域劣 V 类水质断面比例超过 22%，重点小流域达标率低，总磷污染凸显，城市建成区黑臭水体问题突出，乡镇饮用水水源水质不容乐观，农村环境污染问题严重。34% 的耕地土壤监测点位超标，局部地区土壤污染严重。重点生态功能区和重要生态系统功能低效化，大熊猫、川金丝猴和珙桐、红豆杉等珍稀濒危野生动植物栖息地破碎化，生物多样性受到威胁，局部地区生态功能退化。高投入、高耗能、高排放、低效率的粗放型产业发展模式将严重阻碍经济质量的进一步提升。近年来，尽管四川省逐渐开始注重节约能源资源和保护生态环境，原来依靠牺牲资源和环境的发展模式得到了一定的遏制，产业结构在继续调整之中，以金融业，信息传输、软件和信息技术服务业为代表的低碳产业也在不断崛起，但不得不承认与着重于第三产业发展的发达国家相比，四川省要改进和学习的地方还有很多。

　　一直以来，发达国家依靠科技发展着力于第三产业的持续良好运营和第二产业的转型升级，同时坚守第一产业稳定运行的底线。中国等发展中国家则长期以第一产业、第二产业的快速发展作为国民经济发展的命脉支撑，并在此基础上尽可能刺激第三产业的发展。这种产业结构的差异直接导致社会对能源种类和能源需求的差异。一方面，能源是产业发展的投入要素之一，产业发展对能源消耗具有强大的依赖性；另一方面，能源的开发和利用又以产业发展水平和结构为基础，产业发展水平是能源开发的支撑，产业发展结构决定能源消耗的发展方向。因此，对于四川省来说，进一步调整经济发展模式和优化产业内外部结构，将有利于其做好经济进步和环境保护的双重工作。另外，四川省还应当重视高收益、高附加值、高技术含量、低耗能、低排放的产业，限制低收益、低附加值、低技术含量、高耗能、高排放的产业。对第一产业，加大科研投入，加快低碳智慧集约型农业产业的构建，为人民生产生活提供坚实的物质基础保障；对第二产业，完善产业内部结构，关停落后产能，去产能、去库存、去杠杆，扶持优势企业，聚集经济发展新动能，提升传统工业用能效率；对第三产业，加快发展步伐和力度，发展新材料、互联网、新能源等战略性产业。通过对严禁新增低端落后产能、防范过剩和落后产能跨地区转移、优化新增产能布局和结构以及产业结构的调整等措施的执行，引导能源生产、消费格局的调整和转变。当然，在发展第三产业的同时需重视第一、二、三产业的协调性，不可急于求成，更不可将物质生产部门完全关在"经济禁区"，良好、高效和低碳的第一产业、第二产业的运行是国计民生、经济结构发展和优化的基础物质保障。因此，在以减少污染、提升效能、调整经济模式为目标的产业结构调整工作中，四川省需在保证传统用能方式的基础上，寻找第一、二、三产业新的用能增长点，保证经济系统的协调平稳和高效低碳运行，打造能源生产消费和产业格局的多元化、低碳化、高效化发展模式，加快绿色发展背景下四川省的现代能源体系建设。

5.6.8　提高开采技术，增加页岩气的开采比例

天然气替代煤已成为现代能源体系的发展趋势。天然气能源由于其价格低、污染小、利用效率高成为我国现代能源体系未来的主要清洁能源之一。天然气资源又分为常规天然气和非常规天然气，专业上一般将市场上所说的天然气称为常规天然气，将页岩气与煤层气称为非常规天然气。页岩气是藏于页岩层的天然气，是连续生成的生物化学成因气、热成因气或二者的混合，可以游离态存在于天然岩石裂缝和孔隙中，以吸附态存在于干酪根、黏土颗粒表面，还有极少量以溶解状态储存于干酪根和沥青质中，游离气比例一般在 $20\%\sim85\%$。页岩气作为清洁气体的

一种，其燃烧消费过程中产生的 CO_2 比同为化石能源的煤炭少 1/2，比石油少 1/3。

　　页岩气藏具有自生自储的特点，页岩既是烃源岩又是储气岩，其开采难度较大（因为页岩气储集层渗透率低），主要开采技术有水平井技术和多层压裂技术。相较常规天然气，页岩气具有开采寿命长和生产周期长的优点，且分布范围广，厚度大，能够长期稳定地产气。在政策支持和技术的不断进步下，我国非常规油气开发加快。非常规油气资源作为清洁能源的重要组成部分，是我国保障能源安全、调整能源结构、推进能源转型的重要基础，未来将成为我国常规油气资源的重要战略接替资源。

　　四川省天然气资源储备丰富，占全国的 20.46%，其中，常规天然气资源量为 12.07 万亿立方米，页岩气资源量为 27.5 万亿立方米，占全国的 17.67%。四川省页岩气可开采量位居我国页岩气可开采量前列，页岩气市场巨大。目前四川省在页岩气的勘探上取得了不小的成就，省内已经形成多个国家级页岩气示范区和基地。另外，四川省的勘探技术相对成熟，其常规天然气的开采为页岩气的开采提供了技术支持。不仅如此，四川省还拥有完备的天然气管道运输体系，为后续大力开采页岩气提供了运输条件上的支持。在天然气的开采上，常规天然气由于好开采、技术水平要求低，仍然是四川省开采的主要对象，非常规天然气如页岩气由于其特质的不同，开发需要更高的技术水平。目前四川省页岩气的开发量不到其页岩气资源总量的 30%，页岩气的开采市场潜力巨大。

　　四川省的页岩气分布区地质条件复杂，主要分布于地层深处的岩层中，通常埋藏在地下 3000 米以上，开采技术难度极大。世界上页岩气的开采技术水平最成熟的美国有着最完善和最先进的页岩气开采技术，美国也是世界上最早研究和开采页岩气的国家，其页岩气开采技术在很大程度上借鉴了常规油气开采技术，同时又从具体情况出发，针对页岩气储层的地质特征，对常规油气开采技术进行了升级改造和创新，开发出了既能保护页岩储层又能提高开采率的技术，形成了一套先进有效的页岩气开采技术，降低了页岩气的开采使用成本，提升了页岩气开采效率。其中关系页岩气开采成功与否、成果高效与否的关键技术在于水平钻探技术和水力压裂技术。此外，美国有一个集输配一体化的管道运输系统，目前已建干线管网长达 49 万千米，是我国管网长度的 8 倍有余。我国页岩气的发展还需要在技术上和设施上进行不断升级和完善。

5.6.8.1　升级页岩气开采技术，加大清洁能源页岩气的开发

目前市场上页岩气最核心的开采技术主要有水平钻井技术和水平分段压裂技术两种。四川省内现有中石油长宁—威远这一国家级的页岩气示范区，已经初步形成了页岩气压裂技术体系，有一套完整的页岩气开发模式，但是已有模式仍然存在开发难度大、开发成本高、开发破坏性强的特点，页岩气的开发技术也有待提高。我国页岩气开采技术尚未成熟，比如页岩气水平井、钻完井的固井技术和压裂技术不能应对四川省对于深层页岩气的开采需要，四川省页岩气分布情况、储层评价与预测、产能评价等测量方法和压裂技术都尚不成熟。目前我国三大石油公司的水平钻井技术和水平压裂技术都还不能满足四川省页岩气的勘探要求。由于开发的页岩气储量有限，且其所处地层深度有限，因此要促进四川省的页岩气清洁能源的开发，还要借鉴美国页岩气革命的成功经验，不断提高我国页岩气开发技术，探索出先进的适用于深层页岩气的开采技术，包括水平井加多段压裂技术、清水压裂技术、同步压裂技术、深层地下爆破技术和电驱压裂技术等。同时，四川省还需加大在电驱压裂技术上的投入与开发，电驱压裂设备污染少、成本低、效率高、占地面积少，这些优势较

传统压裂设备明显，未来有望在压裂市场占据更高份额。

5.6.8.2　完善管道运输体系

四川省在天然气开采及配套管网运输方面取得了较好的成绩。天然气管网是关键，四川省要积极完善天然气管网设施，以适应天然气对开采和运输的巨大需求，应当集中市场及政府力量加快建设集输管网，解决尚未通气地区的天然气利用难题，统筹推进天然气管网建设，完善油气输配管网设施，扩大四川省天然气资源供应范围，通过天然气管网延伸、天然气液化储存及长途运输等方式和建设压缩天然气（CNG）母子站、液化天然气（LNG）/液化—压缩天然气（L—CNG）加气站等措施提升骨干网输送和进口接收能力，增强区域间协调互济供给能力和终端覆盖能力，加强支线管网建设，力争打通"最后一千米"，以实现省域内各区县及四川省与周围省市油气资源互通互补的市场需求。

页岩气是低碳、高效的清洁能源，无论是国内还是国外，都已经把页岩气这种非常规天然气作为国家未来清洁能源的重要战略接力点和实现"双碳"目标的重点能源。目前，我国在页岩气的开发程度和开发技术上落后于美国，但我国页岩气的资源量高于美国。从美国页岩气革命的成功经验来看，他们极其重视页岩气开采技术的提高和管道运输体系的完善。四川省是我国页岩气资源量最高的省份，为了发挥其在中国能源绿色发展中的中坚作用，必须不断提高页岩气的开采技术水平和加大页岩气的开采量，从而为实现"双碳"目标做出贡献。

5.6.9　普及新能源汽车，减少污染排放

新时代下，新能源汽车成为我国新能源革命的关键，因其对于新能源的推广有着重要作用。从世界范围来看，各个国家都越

来越重视新能源汽车的研发和推广。新能源汽车对于减缓石油消耗和降低汽车尾气、二氧化碳排放有着重要作用。我国对能源消耗提出了高要求、高标准,指出一切能源消耗都应以节能减排为目标。在我国运输行业中,新能源汽车相对于传统的油耗汽车可以实现零排放,有着不能比拟的技术优势和节能优势;从消费市场来看,人们对保护环境和节能减排越来越重视,也越来越提倡在日常生活中使用新能源代替不可再生能源。因此,新能源汽车有巨大的市场,其广泛投产使用必然会成为未来我国交通运输业的主要趋势。

目前,市场上主要有三种新能源汽车:纯电动汽车、混合动力汽车、燃料电池汽车。这三种新能源汽车能够降低尾气的排放量,从而极大地降低我国空气污染程度,且燃料电池汽车行驶时产生的声音较小,不会造成噪声污染。但是,我国新能源汽车的发展相对较晚,仍处于起步阶段,发展还不成熟。现有的新能源汽车还有很多不足,需要改进升级,如纯电动汽车的蓄电池成本较高且其电池的性能和质量会直接影响用户的体验感;市面上电池的质量良莠不齐,导致客户体验感不好等。燃料电池汽车是最主要的新能源汽车,这种类型的汽车使用成本极高,电池和燃料价格昂贵,限制了燃料电池汽车的推广。在新能源汽车的推广过程中,最主要的关键技术还不够成熟,另外还有能源应用、经济成本、配套设施及安全问题有待新能源汽车行业解决。

四川省作为清洁能源绿色发展的重点省份,必须在新能源的发展上增大步伐,跟上国家的脚步,为国家实现可持续发展贡献力量,发展新能源汽车理应成为四川省交通运输行业的主流,以为其经济发展与环境建设做出贡献。

5.6.9.1 提升技术研究水平

目前,新能源汽车的发展还不够成熟,尤其在技术上新能源汽车还有许多缺点,如内部动力系统容易出现故障、电池的续航能力弱、汽车的成本高等,这些方面都会导致新能源汽车的推广受到阻碍。因此,从根本上要加强对新能源汽车的技术研发,不断升级现有的配套设施以降低成本。同时,政府应该增强新能源企业的积极性,发挥企业的创新力,协同企业共同打破新能源汽车行业技术壁垒,引进相关高技术水平人才,整合人力、资金等资源用以攻克新能源企业发展过程中的难点,使新能源汽车不断适应市场的需要,成为交通运输业的主要力量。

5.6.9.2 发挥政府引导作用

新能源汽车要在社会上普及还需要不断努力,人们对新能源汽车的了解还有限,接触不到足够多的新能源汽车的相关信息,因而要促进新能源汽车的快速发展和推广,需要政府发挥作用。首先,政府可对人们进行知识普及和政策引导,向社会宣传绿色、清洁、环保理念,要求企业提供优质的产品和服务,增加对新能源汽车企业的资金补贴和政策支持。其次,政府机构应该作为示范单位,尽可能使用新能源汽车。同时,四川政府也应该鼓励将新能源汽车应用到所管辖范围内的公交车、出租车、校车用车等。

5.6.9.3 完善相关设施、增加充电桩数量

目前,市场上新能源汽车面临的最大问题是新能源电动汽车的充电问题:一是充电桩之间的距离太远;二是充电桩的数量少,不能满足市场上现有和未来的新能源电动汽车的需求;三是充电桩不能够保障充电安全。针对现存的新能源汽车的充电问题,政府应该积极主动采取措施,引导规范充电桩市场,保障人们的权益并促进新能源的发展。首先,要对充电桩的布局进行规划,在最合适的区域安装充电桩,如小区、公司附近等车流量较

多的区域。其次，要对充电桩企业严格要求，把控充电桩的质量问题。对企业生产、维护过程严格检查，实施严格的质量监管，维护人民安全。最后，应增加充电桩的数量，预计四川省未来新能源汽车数量将大幅增加，对于充电桩的需求也会快速增加，因此要增加充电桩的数量以满足未来新能源电动汽车的充电需求。

综上所述，发展新能源汽车是我国推广新能源、发展绿色清洁能源的必然趋势。如今，我国越来越重视能源消耗和环境保护的关系，新能源汽车相对于传统耗油汽车更加清洁、绿色，符合国家可持续发展的要求。未来，高效清洁的新能源将会成为我国主要的动力来源。但应注意，这个推广过程需要政府、企业、人民的共同努力，政府要积极引导企业和社会，对其给予帮助；企业要不断进行技术创新，生产质量好的产品；社会要接纳并支持新能源汽车和新能源的发展，这样才能实现新能源汽车的推广和广泛应用。

第 6 章　对策建议

6.1　政府层面

在构建现代能源体系的道路上，政府扮演着重要的角色，其不仅仅是领导者，更是监督者与先行者。作为该道路上的重要一环，四川省政府要坚持绿色发展理念，走可持续发展道路，为构建现代能源体系打下坚实的基础。当前四川省政府紧紧围绕重点培育和发展新材料、新能源、节能环保、新能源汽车等新兴能源产业的战略部署，正在为打造绿色能源和推动能源转型，形成以"服务大局、共建共享、创新发展"为基本原则的政企合作，建立以"政府为主导、企业为主体、院所为依托、项目为载体"的多层次、多渠道、多形式的产学研全面合作关系而不断努力。目前这些努力虽已取得一定成效，但是其实现过程中仍有很大的改进空间。

6.1.1　制定中长期目标，不断调整优化政策

能源转型与改革需要一个长远的谋划，需要把握战略定力并持之以恒推动其执行。政府作为重要参与者，首先要自上而下颁布政策制度，政府政策对国家能源转型具有持续驱动作用，因此政府要协调能源发展，制定中长期战略和规划目标并坚定实施，持续调整优化政策并坚决执行。

从目前四川省人民政府发布的相关政策文件来看，在"十三五"开始阶段政府发布了很多政策文件，包括《四川省"十三五"工业绿色发展规划》《四川省蓝天保卫行动方案（2017—2020)》《四川省节能减排综合工作方案（2017—2020)》《四川省"十三五"战略性新兴产业发展规划》《四川省"十三五"能源发展规划》《中共四川省委关于制定四川省国民经济和社会发展第十四个五年规划和二〇三五年远景目标的建议》《四川省积极有序推广和规范碳中和方案》等，其中强调的内容包括积极利用物联网、大数据和云计算等信息技术，建立绿色供应链管理体系，完善采购、供应商、物流等绿色供应链标准体系；强力推进工业污染防治，实施固定污染源排污许可制度，实施工业污染源全面达标排放行动计划，加快淘汰化解落后过剩产能等。但根据笔者搜索发现，四川省目前制定的计划与目标主要限于 2020 年左右，在能源相关领域的长期规划还不够。另外，其中关于现代能源体系、能源转型的政府文件也比较少。能源转型需要长期谋划，要求政府部门将能源中长期战略进一步细化明确，以绿色发展理念为引领，从时间和空间的角度审视，把握消费革命、能源供给革命、能源技术革命和能源体制革命这"四个革命"和国际能源合作的方向，合理制定长期战略并且坚决执行，以确保四川省能源转型成功。

在实践中，政府始终保持与时俱进，通过不断发现问题，制定了一系列用以解决问题的相关政策。2019 年政府颁发了《四川省工业炉窑大气污染综合治理实施清单》，包括加大产业结构调整力度，推进清洁能源替代，开展工业园区综合整治，强化工业炉窑企业监管，完善排放标准体系，加强工作调度与评价，加强宣传引导，给予资金和信贷融资支持，严格落实配套政策，实施差异化环保管理，加强企业技术支持服务。其他相关政策包括《四川省落实〈全国碳排放权交易市场建设方案（发电行业）〉工作方案》《四川省农村能源碳交易项目开发管理办法》，成都市印发了《成都市氢能产业发展规划（2019—2023)》《成都市鼓励和支持开展出口产品低碳认证若干政策措施》等。四川省政府根据社会环境的变化不断改进相关政策，以确保实施过程中各方都能得到合理处理，比如考虑到环境、经济、对外交流、居民体验、企业发展等方面，与时俱进是政府制定政策的基本原则。因此，四川省在未来的政策制定中不仅要与时俱进，还要兼顾各个方面，以实现能源与其他产业的健康发展。

不仅如此，政府在制定相关政策时，还要因地制宜。四川省地貌复杂，各个地区资源分布差异大，并且多种能源受地形影响较大，加大了政府制定政策的难度。四川省总体处于西风带、东南季风及西南季风带的结合处，为我国第Ⅳ类风能资源区，即风能资源贫乏区；从地理分布来看，四川省风能资源主要分布在川西高原和盆周山区，最为丰富的是凉山和攀枝花，广元、绵阳、雅安等地有零星分布；从时间分布来看，四川省的大风期主要集中在冬、春两季，即每年 11 月到次年 5 月，占全年发电量的3/4；四川省太阳能资源分布很不平衡，大致以龙门山脉、邛崃山脉和大凉山为界，东部太阳能资源较少，西部太阳能资源较多，其中川西高原是四川省乃至我国太阳能资源的主要分布区；川南是我国最大的页岩气生产基地，主要分布在宜宾、泸州等地。另外，还有其他能源地理因素，其影响也都较大，所以根据不同地区、不同阶段来制定相关能源政策是非常必要的。

6.1.2 完善基础设施建设，构建良好的产学研环境

四川省自然资源丰富，充分利用自然资源是实现绿色发展的有效途径，是走可持续发展道路的必然要求。政府为社会提供公共产品与服务，在完善基础设施建设方面具有不可推卸的责任。相关单位要加快石油、天然气运输管道的建设与完善，以确保运

输安全；大力推进水电站、电厂、输电线路等基础设施建设，加快建设大型电源点；在煤炭基地建设方面争取获得一定的突破；在公共设施、公用建筑物、居民住宅等领域，积极发展以太阳能、风能等可再生能源和天然气冷热电联供为主体的分布式能源网络；加强能源勘探特别是页岩气勘探，并且在加大油气勘探开发力度的同时，还需加快天然气产供储销体系建设及管网和储气设施建设，以补强天然气互联互通和重点地区输送能力短板，加快形成"全国一张网"；加快推进新能源汽车充电基础设施建设，解决电动汽车充电难题，从源头上做好绿色出行后勤保障工作。

在常规能源的开发利用上，政府相关部门要淘汰传统的高耗能、高污染的发展方式；在新能源的开发利用上，要不断学习国内国外先进的科学技术。作为良好创新环境与科技环境的创建者，政府也是国内外沟通的桥梁，因此其强力驱动尤为重要。首先，政府应放宽对外资和民营资本的限制，打破严格的准入壁垒，积极创造条件，鼓励社会资本进入，促进市场的自我调节作用，为企业创造良好的创新条件与环境；其次，应加快配套技术标准体系建设，加强基础性研究和开发，不断激发能源领域民营企业的活力，使科研经费向这些企业倾斜；最后，要加快推进能源互联网建设，加强具备能源互联网创新概念的相关基础设施建设，尤其是能源供需智能化匹配系统、多能协同的综合能源体系、同步于能源系统的通信网络工程等。

在产学研方面，应强化工匠精神，以人力资源助力制造业与能源转型互动。人力资源是制造强国之本，也是能源转型的实施者主体。新能源产业是一个新兴的朝阳产业，一流的技术和人才都在企业，所以要培养应用型人才，必须借助企业的力量。高水平、高素质的专业教师队伍是人才培养质量的重要保证。能源专业要根据应用型人才培养的要求，以校企合作为契机，通过"内培外引"相结合的方式，构建校企共同参与的专兼结合的教师队伍。"内培"为选送骨干专业教师到新能源企业进行脱产挂职锻炼，旨在提升其实践教学能力；"外引"为聘请企业专家担任该专业的兼职教师，负责单独指导一门实践课程或者与校内教师共同讲授实践性较强的课程。聘请的校外导师需为企业专家，且必须是具有副高及以上相关专业技术职务的专业技术人员，具有丰富的实践经验，有负责大型工程、担任企业管理等的工作经历，并取得突出业绩，在能源领域有一定的影响力和知名度，了解本专业领域发展的最新成果和动向，具有一定的科研能力和分析解决实际问题的能力，有一定的科研成果。校企联合双导师制度的建立，可弥补高校自身师资的不足，对于提高专业人才培养质量具有重要意义。为充分发挥学校和企业在新能源专业建设方面的共同带动作用，可设立由专业素质强的校内教师和企业专家共同组成的"双带头人"。通过开展学术交流会、指导人才培养方案修订、承担教学课题等手段共同指导专业建设，引领本专业发展。

为确保产学研合作的顺利开展，首先要明确高职院校、企业、地方政府在产学研合作方面各自担任的角色职能。产学研合作的顺利开展，离不开政府的积极参与，需要政府支持高职教育在能源类专业教育方面的改革，使其能够积极适应校企合作的未来需求。要明确学校与企业在校企合作中双方的职责与权利，学校要根据学生自身发展的需要并基于企业要求改革教学模式，同时，企业要积极与学校合作，根据不同专业特点，为学校建立实训教学基地，通过各类实习岗位的设立，尽力为学生提供经济支持，帮助学校解决教学改革面临的困境。只有学校、政府、企业三方共同合作，才能保证产学研合作的有效性与可行性。此外，建立完善的校企合作运行机制是校企合作可持续发展的战略保证。相关部门应积极完善有关校企合作的法律法规，制定校企合作的具体方案，对学校和企业要有具体的考核标准。这样可有效避免双方在合作中遇到问题时相互推诿、相互指责的情况，确保校企合作有效、持续进行，同时也可增强学校和企业对校企合作的责任意识。

6.1.3 稳步推进能源价格改革，优化清洁能源补贴政策

2015 年 10 月 12 日，中共中央、国务院发布《关于推进价格机制改革的若干意见》。该意见开章明义地指出"价格机制是市场机制的核心，市场决定价格是市场在资源配置中起决定性作用的关键"，并进一步提出能源价格市场化改革思路。稳步推进能源价格改革有利于带动整个能源结构的调整，并且能源价格的改革和调整可以消除四川省能源价格的不合理比价，达到绿色发展的目标。四川省能源结构中高耗能、高排放、高污染产业仍然占据重要地位，想要发展现代能源体系，就要调整现行的能源结构并充分考虑对绿色发展的支持和方向引导。能源价格改革的难点和关键在于电价改革，2020 年 5 月 11 日，中共中央、国务院发布《关于新时代加快完善社会主义市场经济体制的意见》，再次强调构建有效竞争的电力市场。电力产品作为最重要的基础性资源，除了具有一定的商品属性，还具有更复杂的社会属性，对社会各方的利益影响很大，因此社会体现了产业发展的导向。过低的电价易导致居民、企业大量浪费电力资源，过高的电价又会影响社会的正常发展，所以要抑制浪费性能源和电力消费，鼓励节能节电，促进资源节约和高效利用，为绿色低碳发展建立更高质量的正确价格信号体系。目前四川省电价政策虽有不合理的地方，但并不意味着一夜之间就应彻底将其颠覆，而是要利用市场这只"看不见的手"与政府这只"看得见的手"相互配合，稳步推进能源价格改革。

除了电价，有关石油、天然气以及新能源等能源的价格政策也需要进行合理性优化。政府的价格政策应当为能源结构服务，

四川省应当建立一个统一、开放、竞争、有序、规范的现代石油市场体系，完善石油价格形成机制，建立健全石油由市场供需决定的价格机制；规范石油价格管理，充分发挥市场在资源配置优化升级中的决定性作用，根据供需关系，合理调节石油价格；理顺新能源价格，降低新能源技术使用成本，防止出现因新能源价格过高而导致居民、企业无法承担的现象。

清洁能源补贴是目前全世界通用的政策手段，政府对清洁能源的生产与消费过程进行补贴，可以扩大清洁能源的使用范围，使企业与个人更能接受新事物，但这样的财政补贴会使政府背上沉重的负担。相关文献表明，实行消费补贴的国家基本上无一例外地成为能源利用效率最低、浪费性消费最多的国家。若完全由市场定价，能源价格较低的国家的能源利用效率也很低，这就违背了补贴政策的初衷。而对能源价格进行政策干预后，维持较高能源价格水平的多数发达国家的能源利用效率也是相对较高的，其能源结构也更加低碳化。因此，四川省政府部门应该跟随市场做出相应的调整，保留合理程度的规制管理，进一步考虑绿色发展的政策引导作用，比如今后可逐步加入环境税、消费税等，使得政府补贴能够达到预期效果，支持清洁能源可持续发展。

6.1.4　发挥政企合作优势，打造绿色低碳示范区

政企双方要充分发挥资源、管理、技术和平台等各自的领域优势，积极推进公共机构能源资源清洁高效利用，以"四个全力"促进全省节约型机关创建工作：①全力推动公共机构能效提升。相应措施具体包括：摸排全省所有公共机构能耗情况，挖掘节能改造潜力，制定能效提升方案，鼓励各级公共机构在具备相应条件的基础上，积极推进能源托管型管理模式，提升能效利用水平。②全力打造公共机构节能示范，发挥公共机构在推进绿色低碳发展中的引领作用，大力推广使用节能新技术、新产品和分

布式光伏等清洁能源。③全力建设公共机构能效一张网，充分运用云计算、大数据、物联网、人工智能等技术，建成适应碳达峰目标、碳中和愿景和现代管理要求的全市公共机构节能管理平台，通过公共机构能耗数据的互联互通，推动能源资源消费实时感知及能耗分析，实现公共机构节能制度标准、工作流程与信息化建设有效融合，为公共机构开展节能规划、能耗统计和评价考核等工作提供数据支撑。④全力支撑建设公共机构能效评价体系，统筹能耗定额管理等考核标准，制定公共机构能效评价体系，从能耗强度、清洁用能、经济效率、生态效益、安全性能等维度全面评价公共机构能效水平，支撑公共机构节能治理和科学决策。

在目前政企合作的推进过程中，重要的决策仍由政府制定并下发，企业更多负责项目的落实和决策的执行，如此一来企业的积极性和创新性不能充分发挥。因此，政府急需在政企合作上做出相应的转变，适度放开权力，强化自身服务属性，建立合理的风险分担机制，以"平等合作、互利共赢"的方式来迎接企业。政企双方还要不断丰富合作内涵，拓宽合作领域，实现互利共赢。四川省"十四五"发展规划的总体部署指出，政府应以科学发展观为指导，以加快能源转型为主线，牢固树立"绿色发展"的理念，提高对现代能源体系建设重要性的认识，推进清洁能源发展充分融入四川经济社会发展的大局，探索政企深度合作机制，努力构建"政府主导、政企联动、责任共担、合作共赢"的能源发展模式。同时，还需将能源转型纳入属地政府责任范畴，建立和完善以政府为主导的统筹推进机制。另外，还需制定支持能源发展的相关政策，完善政企合作推进机制和协调机制，建立考核考评制度和绿色通道制度，实施差异化审批制度，实现"政企联动"；依托政府促进能源基础设施建设，有效解决能源发展难题，促进地方城市经济发展，实现"政企双赢"，力争把四川省打造成为国家一流清洁能源科技创新基地和能源装备制造基地的战略支点，从而为加快成渝地区双城经济圈发展和建设国家清洁能源示范省提供能源保障。

6.2 企业层面

企业作为与能源的直接接触者之一，对能源转型与改革具有不可忽视的影响力。在能源生产、消费阶段，企业也面临着一系列的风险与责任。国家省级碳达峰、碳中和相关规划陆续出台以及成渝地区双城经济圈的建设均给能源企业的绿色低碳发展带来了新的机遇。当前四川省能源化工产业已形成一定规模，形成了相互配套的上下游产业链，天然气、土地和水电气等要素保障有力，为企业发展提供了强有力的社会基础。目前企业在与各行各业的合作中虽已取得一定成效，但其中仍有很大的改进空间。国务院发展研究中心指出，一些地方政企合作项目的前期准备并不充分，存在项目边界不清、审批手续欠缺、项目设计粗糙、重要数据缺失乃至测算失真等现象；另外，现阶段我国政企合作项目的参与方依旧为"央企国企热、民企冷"，部分地区民间资本投资占比仅 1/3 左右，对此提出以下相关建议。

6.2.1 学习国外经验，加大科技创新力度

欧美国家能源经济发展时间长，能源转型成功案例多，并且在绿色发展这个全球趋势下，许多国家都有着相同的发展目标，对于企业来讲，大家都面临着相似的转型与升级压力，其相应案例是我们借鉴的对象。例如，2018 年德国两大能源巨头集团之间开始进行产业链和价值链重塑，重组后的两家企业专注于各自的业务，一家致力于提供配电网络、智能电网和智慧家庭解决方案；另一家致力于主营传统发电和可再生能源业务、天然气以及

能源贸易业务，成为更加纯粹的电力生产商。其中值得我国企业借鉴的经验包括：产业链、价值链的进一步细分与优化，着眼培育未来核心竞争力进行战略布局，重组式创新，等等这些都是维持企业生命力的基础条件。不仅是德国，我们还能从其他国家找到适合我们的经验，如墨西哥石油企业积极与服务公司合作，日本企业积极参与海外能源上游项目等；还可以借鉴美国、欧盟等能源企业利用先进经验构建的智慧能源体系。同时，四川省能源企业最终还是要根据省内的具体情况来总结经验并吸取教训。当前，要积极围绕四川省相关政策，拓宽思路，借鉴国内外企业经验，加大创新实施力度，积极培育新动能，不断增强核心竞争力。

与国内外企业竞争，需要不断创新。例如可以加大勘查投入力度，推进绿色开采技术研发，重视技术创新。地质勘查是矿业领域的先导，应加大勘查投入，促进勘查技术创新和新方法应用，加强勘查技术与资源开发新技术的研发，掌握资源勘查及矿山的采、选、冶核心技术，提高国际国内竞争力。除了在技术这种"硬"实力上实现创新，在"软"实力例如商业模式、管理模式、服务模式方面也需要创新。现代能源体系要求企业进行多方位的改革创新，智慧能源、能源互联网、能源物联网已成为能源业务的主要方向之一，相关企业要顺应能源市场潮流，把互联网技术深深融合到分布式能源中，着力打造先进的"互联网＋"智慧能源。同时，还应抓紧技术研发，引进高科技人才，稳步提高节能装备新技术水平，并结合资源分布特点，发展分布式光伏和风电技术，加大能源互联网建设力度，深入推进能源革命。一方面，可以积极参与建设园区级能源互联网项目，实现风、光、气、储等多种能源并存，实现能源和信息互补互通互联；另一方面，根据客户的不同需求，为客户提供系统性的能源集成服务。

6.2.2 规避投资风险，大力发展新能源产业

每一个能源企业都会需要国际国内的交流合作，但是在进行国际合作时，不可避免地会受到不可预测因素的影响，主要有政治风险、法律风险、财务风险和战略决策风险等，所以在矿产资源领域的投资风险一直存在，况且可再生能源企业的生产经营也往往是"看天吃饭"，收益非常不稳定，因而有效规避投资风险是每一个能源企业必须面临的任务。企业要在投资业务方面聘请专业人才，进行专业的资金管理，有效规避风险；还可寻求专业机构支持，对投资国的整体法律制度进行仔细的调研，然后进行策划、设计交易结构和贸易细则，这方面的工作需要相关高级人才，所以寻求专业机构的支持也是非常有必要的。另外，还应牢牢掌握政府政策方向，利用好政府提供的绿色基金、绿色保险、绿色信托、绿色 PPP、绿色租赁等新产品、新服务和新业态等，进行合理投融资，降低项目风险和融资成本。

根据上文分析，四川省新能源资源丰富，有非常大的开发潜力，因而能源企业应当大力拓展新能源业务，在升级优化传统能源业务时，也要大力开发新能源。据统计，截至 2019 年底，四川省共有 16 家企业在全省 43 个县开展了测风和风电项目开发工作，从投产规模来看，以华能新能源、四川能投集团、中电建顾问集团规模最大，规模最小的仅 4.75 万千瓦，最大的 65 万千瓦，其中凉山州拥有全省最大的风电基地。新能源产业不仅对企业来讲是个可以提升自身生存力与竞争力的新兴业务，而且对四川省偏远地区的经济社会发展也具有突出的贡献。相关企业应该多进行实地考察，大力发展新能源产业，从企业业务开始，以绿色发展的角度逐步转变生产与经营方式，广泛开展新能源的资源调查和产品研发等活动。对于重工业企业，要从源头改善能源生产结构，淘汰落后生产设备，升级优化生产过程，从源头调整生

产结构就需要选择绿色材料、工艺等，通过不断学习与创新新技术，逐步淘汰耗能产品，生产出更加环保、效率更高的产品；对于能源销售企业，要充分考虑客户的需求和社会的发展趋势，避免产能过剩。在国家补贴政策逐步退出的事实下，应及早制定可再生能源可持续发展的新措施，以减少对政府补贴的依赖，创建一个属于自己的市场化发展模式。

6.2.3 把握对外贸易机会，积极拓展海外业务

"一带一路""西部大开发""成渝地区双城经济圈"等一系列国家政策的实施让四川省相关企业有了更多对外交流与贸易的机会。2020 年四川达州首列中欧班列从达州高新区出发，开往欧洲，成为达州乃至中国西部内陆地区推进"一带一路"倡议的重要举措和有效抓手。承运的货物系玩具、鞋类、化工、科技电子等产品，且承运的货物类型会逐步向高附加值货物转移，这将与达州高新区秦巴数字经济和电子信息产业园的支柱产业和优势产品高度契合。这只是其中的一个小缩影，可以发现对外开放带来的不仅仅是贸易交流，更多的是技术、经验上的交流。

针对省内能源问题，四川省能源企业要加大与省级、国际间政府与企业之间的交流力度，利用好政府提供的省外、国外能源供应渠道，让出口商品从"量"的优势转变到"质"的优势，再引进国内国外先进的科学技术与管理方式；还可以加强与国内其他地区比如陕西、山西、内蒙古、宁夏、新疆等煤炭资源丰富省份的企业合作，完善煤炭运输通道和储配中心的建设，加速改进企业的能源设备设施，积极引进煤炭资源；还要深化能源国际合作，四川省优势企业要积极走出去，建立海外资源储备基地，拓展能源发展空间。

能源企业可以建立产业上下游合作机制，共同促进行业发展。因为整个产业链上的企业都有一个共同的目标，就是壮大自

身市场，所以企业间要建立起长期的合作机制，增进彼此的信任，在价格、供应方面都应该建立一个合理的长期可靠的范围，保障各部门的基本利益。未来各企业将建立起更加紧密的合作关系，这就更加需要建立一个更为稳健、灵活的供给模式与商务模式，以促进产业的可持续健康发展。

6.2.4　发挥自身企业优势，提高综合实力

对于企业来说，不断提升参与合作项目的实力是最为主要的。首先要摸清情况，培养专业人才。企业可以利用各种渠道和资源，做好"绿色发展"国家层面、市级层面等宏观、微观的环境调查，明确政企合作能源项目的社会环境。还要特别注重培养法律、政企合作项目等方面的专业人才，在团队协作下做好充分的项目背景调查。其次是研判风险，争取国际合作。企业可以客观评估自身资金、项目经验、人才构成等自身实力，做好风险研判，不盲目参与，谨慎决策。同时还可争取与有实力的国际公司或金融机构合作，筛选优质项目。在欠发达地区，应立足沿线国家的战略与市场需求，参与政府支持的能源项目，发挥自身优势，保障合作质量与口碑。最后社会资本应争取"抱团出海"。在国际能源合作中，中国社会资本应加强沟通，共商共建，减少内部争议，共同维护合法权益。在参与东道国能源项目谈判时，还需着重收益分配、风险分担、争端解决的谈判结果，形成相对完善合理的合同或协议。

6.3　公众层面

公众作为能源消费者，代表着能源发展的方向与能源需求方向，所以公众要树立好绿色低碳理念，以需求倒逼能源结构优化，最终实现能源产业链的升级，完善现代能源体系改革。新能

源产业是一个新兴的朝阳产业，需要来自公众的激励与大量的人才输出，公众在不断提升自我修养的同时，还需加强环保意识，接受前沿的思想教育，这是对能源转型的最大支持。以下从公众层面提出相关建议。

6.3.1 公众积极参与，提升绿色环保意识

能源在广大公众群体的生活中占据着重要的位置，用电、用气、投资等公众行为都体现着现代能源体系的改革方向与政策方向。为顺利开展和实施现代能源体系，政府可大力宣传绿色发展理念并积极引导公众践行，这样公众的环保意识才能得到大幅提升，积极使用绿色低碳的节能环保产品、培养绿色生活习惯可以在很大程度上降低能源的消耗。

四川省政府推出了许多促进公众参与的平台，比如"四川气候秀""碳惠天府"等气候变化科普平台，举办了省直机关生态文明建设形势报告会，编印了全省应对气候变化工作手册，摄制了应对气候变化宣传片，通过传统媒体和新媒体平台广泛宣传了气候变化风险及其应对成效，讲好低碳中国"天府故事"。"蓉 e 行"低碳出行平台累计引导 16.8 万人次自愿停驶私家车 38.2 万天，年减排二氧化碳约 3 万吨。另外，四川省还积极推广实施大型活动碳中和，建成龙泉山城市森林公园碳中和林，在线完成第三届国际城市可持续发展高层论坛等 20 多场会议和青城山、都江堰 2 个景区的碳中和。在政府推出这么多活动政策的基础上，公众要有积极参与的意识，需承担起一定的社会责任，并能配合相关部门，为四川省能源转型贡献一份力量，和政府一起共建绿色健康的美好生活。

6.3.2 支持新能源产业，扩大新能源投资

许多百姓听到能源两个字总觉得离现实生活很远，没有参与

感，但是近年来，随着能源产业特别是新能源产业发展的加快，个人能源产业也随之出现。国家电网四川省电力公司提供的数据显示，四川省在摸索了一年多时间后，于 2013 年出现了首个个人光伏发电，2015 年全省个人光伏发电用户已经有十余家，分布于成都、内江、泸州、攀枝花、凉山等市州，容量从 1.5 千瓦到 30 千瓦不等。新能源产业前景广阔，并且在国内光伏产能过剩的情况下，四川省内开启新能源发展产业，也倒逼其改善自身的能源结构，对发展现代能源体系具有非常大的影响力。个人积极参与新能源产业，不仅可以改善生活质量，降低用能成本，淘汰传统耗能、高污染能源，而且可以提高自身的生活收入，对发展当地经济也有很大贡献，还能减少环境污染。另外，公众不仅可以自我发展新能源产业，还可以从其他方面支持新能源产业，比如购买新能源汽车。据四川省统计局统计，在国家补贴政策的大力支持下，2019 年成都市新能源汽车保有量达到 9.5 万辆，建成充电站 503 座、充电桩 1.6 万个。公众参与新能源产业的方式有很多，除去以上两种方式还可以在平时生活中改善自己的交通方式，培养节约用电用能的意识等。

新能源产业作为国家新兴产业，具有良好的发展前景与市场，并且新能源的投资也会受到政府政策的帮扶，当社会的资金流向新能源产业时，新能源公司企业将会得到更多的发展机会。更多的资金可以帮助新能源企业提高生产技术、创新发展模式、提升企业竞争力，最终优化能源结构、改善新能源发展模式，早日实现现代能源体系改革目标。因此，未来新能源发展已成为必然趋势，在听取合理的建议与具备足够专业知识的前提下，公众可选择新能源产业作为自己的投资对象。

6.3.3　提升自我素质，不断输出专业人才

随着四川省社会经济的发展，工业化、城镇化进程加快，消

费结构持续升级，能源需求刚性增长，节能减排依然形势严峻、任务艰巨，这就对能源领域的专业人才提出了更高的要求。能源领域的人才培养侧重于工程应用，主要是为相关企业及研究机构培养应用型、复合型高层次工程技术和管理人才，可通过各种途径实施此类培养工作。以校企合作这种培养模式为例，目前，该模式已经初具成效，对于完成人才培养目标、保证人才培养质量具有重要意义。校企合作能为企业发展培养大量人才，为企业产业升级提供坚实的科技支撑，为实施四川省"十四五"能源战略贡献力量。大学生可以依托高校在先进能源技术的科技研发和人才培养方面的优势以及能源企业在节能环保设备和能源利用整体解决方案等方面的创新能力及市场优势，持续学习发展能源产业的相关知识。行业企业员工可以利用学校教学、科研资源，提升自身专业技术水平。

第 7 章 结语及展望

7.1 结语

能源是国民经济与社会的物质基础。优化能源结构，构建现代化能源体系，实现绿色发展，是为了更好地保障人民物质文化需求，使人民生活富裕，促进中国社会进步。将来，随着资源的不断消耗，世界各国必然会展开一场资源的争夺战，所以尽早科学地调整能源结构，大力发展清洁能源，才能够保证我国在这场资源战中处于有利地位，影响我国各种产业未来的绿色发展方向。

四川省作为我国资源大省，在争取我国能源国际发言权上有着举足轻重的作用。我国正经历以绿色发展为主要方向的现代化能源转型，四川省是此次能源转型的重要力量。本书以四川省为研究对象，梳理了四川省能源发展现状与发展条件。通过一系列分析发现，四川省清洁能源丰富，是绿色发展的重要研究对象，在实现现代化能源转型方面，具有资源优势、市场优势，也会受到来自环境保护和能源安全方面的巨大压力。我们要加速构建现代能源体系，加速对化石能源的全面替代，以实现我国的能源自足并确保我国的能源安全，为我国应对气候变化和人类文明进步做出更大贡献。

在我国大力推动绿色发展的背景下，四川省在能源转型道路上进行了丰富的实践。目前在国家重大战略背景下,完善基础设施建设、提高能源利用效率、扩大清洁能源利用规模是四川省能源转型重要的路径选择。同时技术与体制创新将为四川省能源转型注入源动力,帮助其实现能源、经济、环境协调发展。

7.2 展望

本书就四川省绿色发展和现代能源体系构建进行了翔实的研究,尽管在一定程度上取得了阶段性的研究结果,但是由于数据的可获得性、研究时间和精力等方面的限制,仍有一些地方存在一定局限性,值得继续进行研究。

在未来,除对四川省整体能源状况继续进行研究外,还可以对四川省各地区的状况进行对比研究,以获得更加具有操作性的政策建议,从而能够对症下药,推动四川省能源转型。不仅如此,还可与全国其他省市的状况进行对比研究,取长补短;可以从绿色发展与非绿色发展两个视角,分别进行能源效率测度,形成更为有效的结论。针对本书不足之处,日后需要进一步完善和丰富相关理论与实证研究。

参考文献

[1] 石冬明. 美国能源管理体制改革及其启示——基于 1973 年石油危机后的视角 [J]. 改革与战略, 2017, 33 (1): 150-157.

[2] 李娜. 我国能源消费结构与能源价格改革 [J]. 价格月刊, 2015 (4): 1-3.

[3] 徐晓亮. 清洁能源补贴改革对产业发展和环境污染影响研究——基于动态 CGE 模型分析 [J]. 上海财经大学学报, 2018, 20 (5): 44-57, 86.

[4] 谭建生. 从德国能源转型看我国清洁能源发展 [J]. 开放导报, 2017, (3): 40-44.

[5] 陈蕊, 朱博骐, 段天宇. 天然气发电在我国能源转型中的作用及发展建议 [J]. 天然气工业, 2020, 40 (7): 120-128.

[6] 武旭. 深化我国能源领域改革的若干问题 [J]. 开放导报, 2012, (5): 64-69.

[7] 王震, 薛庆. 充分发挥天然气在我国现代能源体系构建中的主力作用——对《天然气发展"十三五"规划》的解读 [J]. 天然气工业, 2017, 37 (3): 1-8.

[8] 李伟. 从供给侧和体制机制两个维度构建现代能源体系 [J]. 开放导报, 2017 (5): 7-11.

[9] 林伯强, 刘畅. 中国能源补贴改革与有效能源补贴 [J]. 中国社会科学, 2016 (10): 52-71, 202-203.

[10] 吴刚强. 中国天然气价格改革进展 [J]. 国际石油经济, 2018, 26 (11): 25-29, 57.

[11] 潘继平, 杨丽丽, 王陆新, 等. 新形势下中国天然气资源发展战略思

考 [J]. 国际石油经济, 2017, 25 (6): 12-18.

[12] 岳立, 杨帆. 新常态下中国能源供给侧改革的路径探析——基于产能、结构和消费模式的视角 [J]. 经济问题, 2016(10): 1-6, 97.

[13] 王安, 高福一, 于吉海. 推动山东省能源转型的思路与对策建议 [J]. 金融发展研究, 2016 (8): 83-85.

[14] 马丽梅, 董怡菲. 创新政策驱动与国家能源转型: 丹麦案例 [J]. 管理现代化, 2020, 40 (4): 23-28.

[15] 张有生, 苏铭, 杨光, 等. 世界能源转型发展及对我国的启示 [J]. 宏观经济管理, 2015 (12): 37-39.

附　录

全国范围相关政策法规

（1）2021年是"十四五"开局之年。在第十三届全国人民代表大会第四次会议上，国务院总理李克强在政府工作报告中阐述了"十四五"时期主要目标任务及2021年具体工作要求，提出要推动绿色发展，促进人与自然和谐共生。坚持绿水青山就是金山银山理念，加强山水林田湖草系统治理，加快推进重要生态屏障建设，构建以国家公园为主体的自然保护地体系，森林覆盖率达到24.1%。持续改善环境质量，基本消除重污染天气和城市黑臭水体。落实2030年应对气候变化国家自主贡献目标。加快发展方式绿色转型，协同推进经济高质量发展和生态环境高水平保护，单位国内生产总值能耗和二氧化碳排放分别降低13.5%、18%。

要力争实现2030年前中国二氧化碳排放达到峰值，努力在2060年前实现碳中和目标。到2030年，非化石能源占一次能源消费比重将达到25%左右，风电、太阳能发电总装机容量将达到12亿千瓦以上。

（2）《中华人民共和国国民经济和社会发展第十四个五年规划和2035年远景目标纲要》（以下简称《"十四五"规划纲要》）指出，完善能源消费总量和强度双控制度，重点控制化石能源消费。实施以碳强度控制为主、碳排放总量控制为辅的制度，支持有条件的地方和重点行业、重点企业率先达到碳排放峰值。推动能源清洁低碳安全高效利用，深入推进工业、建筑、交通等领域低碳转型。加大甲烷、氢氟碳化物、全氟化碳等其他温室气体控制力度，提升生态系统碳汇能力。与此同时，《"十四五"规划纲要》指出，建立地上地下、陆海统筹的生态环境治理制度。全面实行排污许可制，实现所有固定污染源排污许可证核发，推动工业污染源限期达标排放，推进排污权、用能权、用水权、碳排放权市场化交易。完善环境保护、节能减排约束性指标管理。《"十四五"规划纲要》还提出，深化工业、建筑、交通等领域和公共机构节能，推动 5G、大数据中心等新兴领域能效提升，强化重点用能单位节能管理，实施能量系统优化、节能技术改造等重点工程，加快能耗限额、产品设备能效强制性国家标准制定修订。与此同时，《"十四五"规划纲要》还指出，壮大节能环保、清洁生产、清洁能源、生态环境、基础设施绿色升级、绿色服务等产业，推广合同能源管理、合同节水管理、环境污染第三方治理等服务模式。推动煤炭等化石能源清洁高效利用，推进钢铁、石化、建材等行业绿色化改造。

（3）2020 年《关于建立健全清洁能源消纳长效机制的指导意见（征求意见稿）》提出，合理确定各省级电网清洁能源利用率目标，健全省间市场交易机制，创新有利于清洁能源消纳的交易品种，扩大清洁能源消纳空间。统筹电源侧、电网侧、负荷侧资源，加速形成源、网、荷协同促进清洁能源消纳的格局。

（4）2021 年 2 月，国务院印发了《关于加快建立健全绿色低碳循环发展经济体系的指导意见》（以下简称《指导意见》）。该意见提出，建立健全绿色低碳循环发展经济体系、促进经济社会发展全面绿色转型，是解决我国资源环境生态问题的基础之策。《指导意见》明确，到 2025 年，产业结构、能源结构、运输结构明显优化，绿色产业比重显著提升，基础设施绿色化水平不断提高，清洁生产水平持续提高，生产生活方式绿色转型成效显著，能源资源配置更加合理、利用效率大幅提高，主要污染物排放总量持续减少，碳排放强度明显降低，生态环境持续改善，市场导向的绿色技术创新体系更加完善，法律法规政策体系更加有效，绿色低碳循环发展的生产体系、流通体系、消费体系初步形成。到 2035 年，绿色发展内生动力显著增强，绿色产业规模迈上新台阶，重点行业、重点产品能源资源利用效率达到国际先进水平，广泛形成绿色生产生活方式，碳排放达峰后稳中有降，生态环境根本好转，美丽中国建设目标基本实现。《指导意见》从健全绿色低碳循环发展的生产体系、健全绿色低碳循环发展的流通体系、健全绿色低碳循环发展的消费体系、加快基础设施绿色升级、构建市场导向的绿色技术创新体系和完善法律法规政策体系六个方面部署了重点工作任务。

（5）2021 年 5 月，生态环境部印发了《关于加强高耗能、高排放建设项目生态环境源头防控的指导意见》（以下简称《指导意见》），明确了"两高"项目的范围，对加强生态环境分区管控和规划约束、严格"两高"项目环评审批、推进"两高"行业减污降碳协同控制、依排污许可证强化监管执法、保障政策落地见效 5 个方面做出规定。《指导意见》提出要提升清洁生产和污染防治水平，将碳排放影响评价纳入环境影响评价体系。

（6）2021 年 10 月发布了《中共中央　国务院关于完整准确全面贯彻新发展理念做好碳达峰碳中和工作的意见》（以下简称《意见》），指出实现碳达峰、碳中和，是以习近平总书记为核心的党中央统筹国内国际两个大局做出的重大战略决策，是着力解决资源环境约束突出问题、实现中华民族永续发展的必然选择，是构建人类命运共同体的庄严承诺。《意见》明确了碳达峰、碳中和工作重点任务：一是推进经济社会发展全面绿色转型，二是深度调整产业结构，三是加快构建清洁低碳安全高效能源体系，四是加快推进低碳交通运输体系建设，五是提升城乡建设绿色低碳发展质量，六是加强绿色低碳重大科技攻关和推广应用，七是持续巩固提升碳汇能力，八是提高对外开放绿色低碳发展水平，九是健全法律法规标准和统计监测体系，十是完善政策机制。

四川省相关政策法规

（1）《四川省国民经济和社会发展第十四个五年规划和二〇三五年远景目标纲要》指出：有序推进二〇三〇年前碳排放达峰行动，降低碳排放强度，推进清洁能源替代，加强非二氧化碳温室气体管控。健全碳排放总量控制制度，加强温室气体监测、统计和清单管理，推进近零碳排放区示范工程。加强气候变化风险评估，试行重大工程气候可行性论证。促进气候投融资，实施碳资产提升行动，推动林草碳汇开发和交易，开展生产过程碳减排、碳捕集利用和封存试点，创新推广碳披露和碳标签。

（2）为科学编制《四川省二氧化碳排放达峰行动方案》《四川省"十四五"应对气候变化规划》，实现"30·60"愿景目标，四川省生态环境厅 2021 年 4 月底向国家生态环境部上报《四川省二氧化碳排放达峰行动方案（草案）》，明确四川省碳达峰的时间、路径等。目前该方案编制时间节点已出：2021 年 1 月—3 月为现状了解、数据收集阶段；4 月底将形成初步意见，包括任务、目标及减排路径等，并上报生态环境部；5 月份出台征求意见稿，面向社会广泛征求意见；7 月份确定全面方案，再次征求意见；11 月份出台正式方案。

（3）《四川省国民经济和社会发展第十三个五年规划纲要》提出，要推进节能降耗和碳减排，推进资源节约降耗。突出抓好工业、建筑、交通、公共机构等重点领域节能，加快推行合同能源管理，完善能效标识、节能产品认证和节能产品政府强制采购制度，强化节能评估审查。落实最严格的水资源管理制度，全面推进农业、工业、居民生活节水，抑制不合理用水需求，推进合同节水管理，全面建设节水型社会。坚持最严格的节约用地制度，调整建设用地结构，降低工业用地比例，推进城镇低效用地再开发和工矿废弃地复垦，严格控制农村集体建设用地规模。发展绿色矿业，加强矿产资源特别是中低品位、共伴生等矿产资源的综合开发利用。推动资源循环利用。全面推行循环型生产和服务方式，推进工业废气、废水、废物的综合治理和回收再利用，积极发展农林牧渔多业共生、工农复合的循环型农业，大力发展竹浆纸一体化等林业循环型产业，加快推进服务主体绿色化、服务过程清洁化，构建循环经济产业体系。大力开展园区循环化改造。开展"城市矿产"示范基地建设，推动废旧资源再生利用，促进汽车零部件、航天航空部件等再制造产业规模化发展。推动餐厨废弃物资源化利用和无害化处理。开展秸秆、畜禽粪便资源化利用和农田残膜等农业废弃物回收利用示范，加强建筑废弃物资源化综合利用。积极应对气候变化。调整优化产业和能源结构，淘汰煤炭落后产能，加快推动工业、交通、建筑等领域降碳，开展低碳试点示范，全面控制非能源活动温室气体排放，增加森林、草原、湿地碳汇，有效减缓温室气体排放对气候变化的影响，逐步提升适应气候变化水平，促进全省碳排放总量尽早达峰。建立温室气体排放核算核查、碳排放总量控制和配额管理等机制，积极参与全国碳市场，探索建立西部碳排放权交易中心。

（4）《四川省控制温室气体排放工作方案》提出，到 2020 年，全省单位地区生产总值二氧化碳排放比 2015 年下降 19.5%，碳排放总量得到有效控制，力争四川省部分条件成熟的优化开发和重点开发区域率先实现碳排放达峰，部分重化工业 2020 年左右与全国同行业同步实现碳排放达峰，全省能源体系、产业体系和消费领域低碳转型取得积极成效。西部碳排放权交易中心建设取得积极成效，顺利融入全国统一碳市场。该方案还提出，要建立清洁低碳能源体系，到 2020 年，力争全省能源消费总量控制在 2.29 亿吨标准煤以内，单位地区生产总值能源消费比 2015 年下降 16％，非化石能源消费比重达到 35％。大型发电集团单位供电二氧化碳排放控制在 550 克二氧化碳/千瓦时以内。建立低碳产业体系，到 2020 年，全省工业领域二氧化碳排放总量趋于稳定，石化、化工、建材、钢铁、有色金属、造纸、电力等重点行业二氧化碳排放总量得到有效控制，力争全省主要高耗能行业单位产品碳排放达到国内先进水平。

（5）《四川省节能减排综合工作方案（2017—2020 年）》的总体要求和主要目标分别为：（1）总体要求。全面贯彻党的十八大和十八届三中、四中、五中、六中全会精神及省第十一次党代会精神，牢固树立绿色发展理念，坚持节约资源和保护环境的基本国策，以优化调整产业和能源结构、提高能源资源利用效率、改善生态环境质量为核心，以转变经济发展方式为主线，以推进供给侧结构性改革和全面创新驱动发展为动力，以重点工程实施为抓手，充分发挥市场机制作用，完善政府主导、企业主体、市场驱动、全社会共同参与的节能减排推进机制，有效控制能源消费总量和强度，确保完成"十三五"节能减排约束性目标，为加快建设天更蓝、地更绿、水更清、环境更优美的美丽四川提供有力支撑。（2）主要目标。到 2020 年，全省能源消费总量控制在 2.29 亿吨标准煤以内；单位地区生产总值（GDP）能耗较 2015 年累计下降 16％，全面完成国家下达的"双控"目标任务。全省年用水总量控制在 321.64 亿立方米以内；单位 GDP 用水量、单位工业增加值用水量比 2015 年降低 23％，农田灌溉水有效利用系数提高到 0.48 以上。全省化学需氧量、氨氮、二氧化硫、氮氧化物排放总量比 2015 年分别下降 12.8％、13.9％、16％、16％；全省挥发性有机物排放总量比 2015 年下降 5％。

该方案从调整优化产业和能源结构、提高能源资源利用效率、改善生态环境质量等方面提出了 53 项任务。

调整优化产业和能源结构。四川省将一手做"减法"，严控高耗能、禁止高污染行业增长，深入淘汰落后和化解过剩产能，推动传统产业转型升级；一手做"加法"，加快发展绿色低碳产业。到 2020 年，能源生产消费更加清洁低碳，非化石能源消费比重从 2015 年的 31.7％提高到 37.8％，天然气消费比重由 11.4％提高到 16.2％，煤炭消费比重由 37.9％降低到 23.9％。

提升重点领域能效水平。工业方面，到 2020 年规模以上工业企业单位增加值能耗比 2015 年降低 18％以上；火电、钢铁、纺织、造纸、石油炼制等 5 个高耗水行业规模以上工业企业节水型企业建成率达到 70％。建筑方面，加快推进既有建筑节能改造，到 2020 年，分别完成公共建筑节能改造、既有居住建筑节能改造 100 万平方米、50 万平方米，新增可再生能源建筑应用面积 400 万平方米。交通方面，加快推进综合交通运输体系建设，尤其要大幅提高公共交通出行分担比例。到 2020 年，实现市区人口 300 万以上城市公共交通占机动化出行比例达到 60％。

强化主要污染物减排。除控制重点区域流域排放、推进工业污染物减排外，将着力强化生活源污染综合整治。按照计划，到 2020 年，全省所有县城和重点城镇需具备污水处理能力，地级城市建成区污水基本实现全收集、全处理，设市城市、县城污水处理率分别达到 95％、85％左右，90％以上行政村的生活垃圾得到处理。加强农业面源污染防治，2021 年年底前依法关闭或搬迁禁养区内的畜禽养殖场（小区）和养殖专业户。

促进资源综合循环利用。到 2020 年，对全省 75％以上的国家级园区和 50％以上的省级园区开展循环化改造，化工、轻工等涉水类园区全部实施循环化改造。全面推行清洁生产，到 2020 年，实现规模以上工业和重点商贸企业全面达到清洁化生产标准。

（6）2021 年四川省政府工作报告指出要大力推动绿色发展。推进国家清洁能源示范省建设，发展节能环保、风光水电清洁能源等绿色产业，建设绿色产业示范基地。以确保实现 2030 年前能源活动二氧化碳排放达峰目标为引领，通过法律、行政、技术、市场等多种手段，统筹推进能源、工业、建筑、农业、林业等部门绿色低碳转型，落实"调整产业结构、优化能源结构、节能提高效能、推广低碳技术和产品、完善市场机制"措施，着力推进绿色低碳发展，加快构建绿色低碳循环发展的经济体系，协同推进经济高质量发展和生态文明建设，实施二氧化碳排放与经济发展的脱钩，为力争在 2060 年前实现国家碳中和愿景奠定坚实基础。

（7）2021 年 3 月 29 日，四川省生态环境厅、省文化和旅游厅、省体育局、省机关事务管理局、省林业和草原局联合印发了《四川省积极有序推广和规范碳中和方案》（川环发〔2021〕5号）。该方案的主要目标是到 2022 年，建成四川省碳中和创新服务平台，实施一批国际性、全国性的大型活动碳中和示范项目，碳中和参与度明显提高，碳中和覆盖领域不断拓展，碳中和服务能力大幅提高；到 2025 年，初步构建起对接国际标准、符合国家要求、具有四川特色的碳中和政策标准体系和支撑服务体系，大型活动碳中和有序推行，低碳为荣的社会新风尚广泛弘扬。该方案提出了 5 个重点任务，分别是制定碳中和政策规范、搭建碳中和服务平台、丰富碳减排信用产品、扩大碳中和实施范围和实施碳中和示范项目。

（8）2021 年 12 月发布的《中共四川省委关于以实现碳达峰碳中和目标为引领推动绿色低碳优势产业高质量发展的决定》指出，要坚定以碳达峰、碳中和目标引领绿色低碳优势产业发展。到 2025 年，绿色低碳优势产业规模能级持续提升，清洁能源电力装机容量达到 1.3 亿千瓦，天然气（页岩气）年产量达到 630亿立方米，清洁能源消费比重达 60％左右，绿色低碳优势产业营业收入占规模以上工业比重达 20％左右，绿色低碳优势产业体系基本形成，为实现碳达峰、碳中和奠定坚实基础。到 2030 年，绿色低碳优势产业保持全国领先水平，清洁能源消费比重达 66% 左右，绿色低碳优势产业营业收入占规模以上工业比重达 25% 左右，经济社会发展全面绿色转型取得显著成效，确保实现碳达峰。到 2035 年，绿色低碳优势产业国际影响力显著增强，清洁能源消费比重达 70% 左右，绿色低碳优势产业营业收入占规模以上工业比重达 30% 左右，为全国建立绿色低碳循环发展的经济体系和清洁低碳安全高效的能源体系做出更大贡献，朝着实现碳中和目标稳步迈进。通过推进水风光多能互补一体化发展、规模化开发利用天然气、有序开发多类型清洁能源来做优做强清洁能源产业。通过大力发展晶硅光伏产业、持续做强能源装备产业、完善清洁能源输配体系和构建多元协同储能体系来发展壮大清洁能源支撑产业。通过促进动力电池产业发展壮大、推动新能源汽车产业提档升级、推进大数据产业创新发展和深化钒钛资源综合开发利用来加快发展清洁能源应用产业。

后 记

　　本书是笔者在四川省科技厅软科学项目"基于绿色发展的四川现代能源体系研究"结题报告的基础上进一步修改而成的,本书的完成凝聚了众人的心血。在书稿付梓之际,笔者要由衷感谢四川省科技厅、西南石油大学经济管理学院、四川石油天然气发展研究中心、西南石油大学科研处、四川大学出版社对本书研究及出版工作的大力支持。

　　感谢西南石油大学经济管理学院研究生彭姣、于文慧、唐雪梅、李玉雯、刘淑琦在书稿撰写过程中所给予的帮助。

　　还要感谢四川联合环境交易所、北京环境交易所、四川省发展和改革委员会等单位,感谢他们在笔者进行实地调研以及收集资料的过程中给予的支持和帮助。

彭 倩

2021 年 10 月